できる子に育つ

魔法の読みきかせ

ジム・トレリース

JIM TRELEASE

鈴木 徹 訳

THE READ-ALOUD HANDBOOK

SEVENTH EDITION

筑摩書房

できる子に育つ　魔法の読みきかせ・目次

できる子に育つ　魔法の読みきかせ

序章

学ぶ意思と学ぶ方法を授けるのが、教育の役目だ。学びに終わりはないのだから、死ぬまで学び続ける人を育てなければならない。真の人間社会とは、学び続ける人の集まりである。おじいちゃんもおばあちゃんも、親も子どもも、誰もが「学生」なのだ。

エリック・ホッファー

この本の初版が出たのは、今から三〇年前のことです。以来、アメリカだけでなく世界中の教育が、様々な変化を遂げてきました。それにともなって、この本も進化してきました。

インターネット、メール、携帯電話、ＤＶＤ、iTunes、iPod、iPad、アマゾン、電子ブック、Wi-Fi、フェイスブックやツイッター。初版が出版された一九八二年にはどれも存在しませんでした。文章は「手」で「紙」に書いていました。CDが初めて世に出て、スターバックスはシアトルにあるコーヒー豆の小売店でした。「ノートパソコン」と言われてもどんなものか想像もつかなかったでしょう。

それでも当時と全く変わらないこともあります。この本の初版が出た一九八二年には、大恐慌以来の不景気がアメリカを襲いました。財界のトップは不況の原因についてあれやこれやと議論し、犯人探しにやっきになりました。SAT(アメリカの共通大学入試)の点数が二〇年間下がり続けたことから、不況の原因が教育にあると言われました(それ以前は富裕層で好成績の生徒がSAT受験者の中心でしたが、その後平均レベルよりも成績が低い層の受験者も増えました。これがSATの点数が下がった本当の原因なのですが)。その結果、幼稚園から大学まであらゆるレベルの教育を改革し、成果を数値で示すことが求められるようになりました。教育に企業経営の論理を導入しろということです。これが現在まで三〇年間にもわたる「受験戦争」と「教育改革」時代の幕開けだったのです。どこかで聞いたことのある話ではないですか。三〇年たった今も、全く同じことが言われていますよね(ちなみに、八〇年代は、アメリカ経済が日本経済に追い抜かれた時代です。「日本の学校のような詰め込み教育をすれば、経済も日本に追いつくはずだ!」とすら言われていました)。

この三〇年間で、大学の学費は四倍にもなりました。医療費や一般家庭の収入の増加を大幅

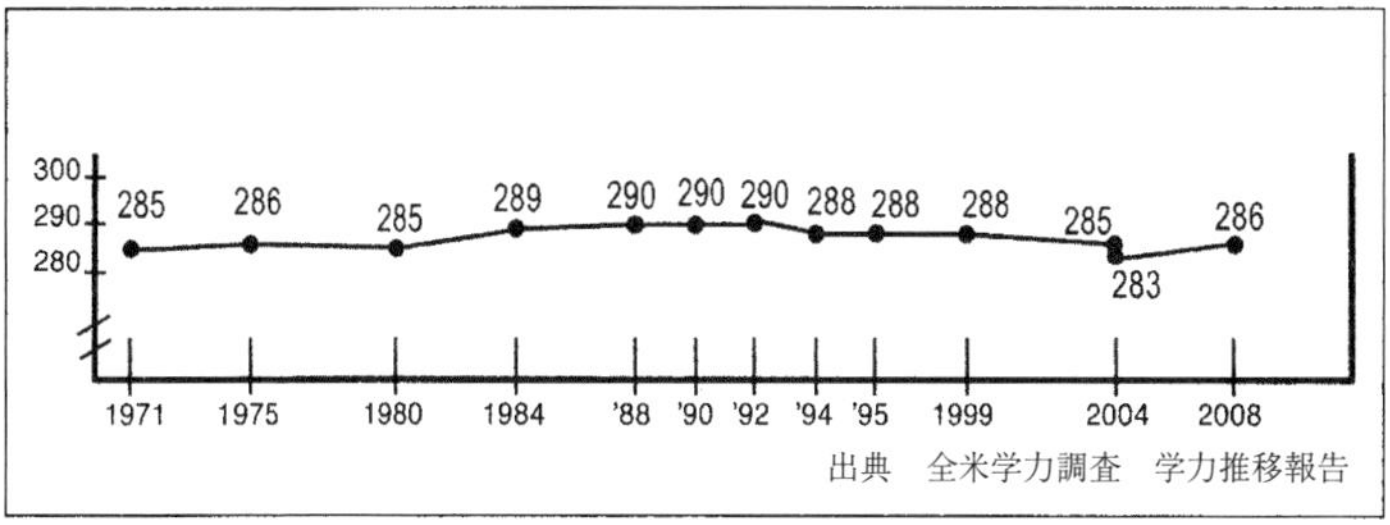

出典　全米学力調査　学力推移報告

17 歳対象読解力テスト得点推移、1971 ～ 2008 年。

に上回るペースです。二〇一一年中には、学生ローンの残高が国民全体のクレジットカードや自動車ローンの残高を上回ると言われています。

また、これまでありとあらゆるテクノロジーが教育現場に導入され、数十億ドルもの費用をかけて「学力テスト」を実施してきました。にもかかわらず、読解力テストの点数は一九七一年から二〇〇八年までに一ポイントしか上がっていないのです(上表参照)。

まともな思考力をお持ちの方であれば「いったい、何がどうなっているんだ」と思ってしまうでしょう。これからこの本でその質問にお答えしていこうと思います。お答えするだけでなく、どうすればよいのかもお話ししていきます。もっとまともなやり方があるのは確実なのですから。

確かに今の教育は問題山積ですが、読解力テストが一ポイントでも上がっていることを考えるとまだまだ捨てたものでもないのではないでしょうか。というのも、ここ三〇年間で勉強の邪魔になるようなものが次々と世の中に出回ってしまったからです。自分の部屋にテレビがあるという子どもがほとんどで（テレビが部屋にあると成績も下がります）、二〇〇以上ものチャンネルをケーブルテレビで見ることができます。一〇代の子どもの半数以上が一日中スマホをいじっています。ひとり親家庭は全体の四分の一です。一分に一人のペースで一〇代の女性が出産しています。こんな状況で読解力テストが一ポイントとはいえ上がったのですから、奇跡と言ってもいいのではないでしょうか。一〇ポイントや一五ポイント落ちていてもおかしくないでしょう。今の教育でもうまくいっていることがあるのです。何がおかしくなっていて、何がうまくいっているのか。この本を通して考えていきたいと思います。

早速一つ「うまくいった」例をご紹介します。

お金がかからない理想の家庭教師

最初にご紹介するのはウィリアムズ一家です。スーザン・ウィリアムズさんと夫のタッドさんには、息子さんが二人います。クリス君とデビッド君です。

二〇〇二年のＡＣＴ（アメリカの共通大学入試。日本のセンター試験と同じようなもの）では、全受験者（四〇万人）中満点をとったのはわずか五八名でした。人口わずか三六四五人のケンタッキー州ラッセルに住むクリス君もその中の一人だというニュースが流れると、ウィリアムズ家に質問が殺到しました。「どんな塾や予備校に行ったんですか?」

クリス君は一時間二五〇ドル以上もの授業料をとられるような塾や予備校には全く行ったことはありませんでした。物心つく前から両親が家庭教師をしていたのです。もちろん学費は一切かかりません。

ニューヨークタイムズ紙をはじめ多くのメディアから取材を受けたウィリアムさんは、こう答えました。「クリスは全く受験勉強なんてしていませんよ」でも、これはウソです。両親が小さい時から思春期までずっと家庭教師をしていたのです。「家庭教師」と言っても勉強を教えたわけではありません。何年にもわたって毎晩三〇分間、寝る前に本の読みきかせをしてあげただけです。子どもたちが自分で本を読めるようになってからも、ずっと読みきかせを続けてきたのです。

ウィリアム家には、「テレビガイド」も「ゲームキューブ」も「国語ドリル」や「計算ドリル」もありません。母親のスーザンさんは四代続く教師なのですが、クリス君が学校に行くまでは読み書きを教えませんでした。夫のタッドさんと共に読みきかせを続けただけです。本の中の言葉を音に紡ぎ出し、子どもたちに「本を愛する心」を植え付けたのです。クリス君もデビッド君も、すぐに文字の読み方を覚えました。本が大好きになり、むさぼるように本を読むようになりました。読みきかせを通して家族の絆が深まっただけでなく、学校でどんなことを習っても吸収できる土台が養われたのです。

デビッド君はルイビル大学を卒業後、二〇一一年の今、エンジニアとして働いています。クリス君は、デューク大学大学院で生化学の博士号取得のためにがんばっています。生化学部で研究しているクリス君ですが、時折、幼い頃から養ってきた文学のセンスを発揮します。大学のバスケットボールチームが試合に負けた翌日、ランチを食べながら「マドビルに歓喜は訪れず。(There's no joy in Mudville today.)」と、アーネスト・セイヤーの有名なベースボール・ポエムを引用したのですが、もちろん周りの友人は誰もわかりません。

クリス君の話を聞いても私は一切驚きませんでした。その時にはもう、読みきかせをしてもらっている子どもがテストでもいい成績を収めているということはわかっていました。前ウィリアムズ大入試課長で、現アマースト大の入試課長トム・パーカー氏は以前から読みきかせの重要性を説いています(両大学とも小規模ですが、アメリカの名門大学です)。SATのスコアを気にしている親に対してパーカー氏は次のように言っています。「お子さんが小さい時から、寝る前に読みきかせをしてあげてください。それが一番のテスト対策です。親に本を読んでもらうという素晴らしい体験をした子どもは、きっと自分自身で本を読み始めます。」パーカー氏によれば、SATで高得点をあげている学生は例外なく読書家だそうです。また、ほぼ全員が、親に読みきかせをしてもらっていたそうです。受験勉強をいくらしても、読書が好きになることはありません。読みきかせをしてあげるだけで、ウィリアムズ夫妻のように子どもを読書好きに育てることができるのです。

後ほどご紹介しますが、三二一八日間、一晩も休まずに娘に読みきかせをした父親もいます。三二一八日間というと大変な努力のように思えますが、単に楽しいから続けただけなのです。

アメリカではこの二〇年間、かつてないほど読解力に関する議論が巻き起こっています。莫大な予算が学力テストにつぎ込まれ、学校では読解力向上のための様々な方策が義務化されています。しかし、肝心の読解力はほとんど上がっていません。

不思議なことに、高収入・高学歴の家庭ほど必死になって子どもの成績を伸ばそうとしているように思われます。四〇年ほど前は、上流家庭の習い事といえばバレエやサッカー、またボーイスカウトやガールスカウトでしたが、二一世紀の親は子どもを塾に通わせるのが普通になりました。大都市郊外の「お受験ブーム」のおかげで、塾産業は一気に四億ドル産業に発展しました。ターゲットは小中学生だけではありません。二〇〇五年に、シルビアン学習センターが四歳児対象の教室を一二〇〇カ所展開しましたが、その時すでにクモン（公文）は二歳児コースを展開していました。昔は塾といえば落ちこぼれのための補習塾でしたが、今では「わが子を他の子よりも優秀にしたい」という親が塾に期待を寄せているのです。ウォール・ストリート・ジャーナル紙には、四歳の子どもがハサミをうまく使えないと塾に通わせている母親の話が出ていました。幼稚園受験でリーダーシップの資質をアピールできるようにと、アイ・コンタクトの指導者を雇う親までいるそうです。

最近では、自分専属のカウンセラーを雇うビジネスマンもいるようですが、同じように、わが子のために大学受験のための専属のカウンセラーを雇う親もいます。費用は三〇〇〇〜六〇〇〇ドル。大学選びから出願書類の書き方、提出期限の管理までカウンセラーが面倒を見るのです。

臨床心理学者のウェンディ・モーゲル氏は、この惨状を見て次のように言っています。「将来、こういう家庭で育った子どもたちが集団訴訟で親を訴えるのではないか。『わたしたちの子ども時代を盗んだ』と」

親だけではありません。教育委員会や政治家も「学校を改革すれば、子どもも『改革』できる」と言って常軌を逸したことをしています。

二〇〇三年アラバマ州ギャズデンでは、受験勉強の時間を増やすためにと幼稚園の昼寝の時間が削られました。ギャズデンから車で二時間のアトランタでは、学校関係者が「休み時間をなくせば子どもはもっと勉強する」と言い出す始末。「ダメ教師」がこっそり休み時間をとらせることがないようにと、校庭のない学校まで作るという徹底ぶり。教育委員会の指導主事は

「全ては学力向上のためです。ジャングルジムで子どもを遊ばせていては、学力向上は望めません。」と言っていました。

数年後、「休み時間廃止」の成果があがっていないことが明らかになると、テストの点数が上がった学校の先生にはボーナスを与えるという政策が行われました（ある州政府関係者はこの政策について、「誰もが見て見ぬふりをする恐怖政治だ」と言っています）。その結果、成績は上がり約束通りボーナスも与えられました。ところが、後に行われた州の監査でアメリカ史上最大のテストスキャンダルが発覚したのです。校長三八名を含む、一七〇名以上の教育関係者が不正に関与したことが明らかになりました。

ニューヨークタイムズ電子版のコラムで、デビッド・ボーンスタイン氏は近年のテスト至上主義を、ディケンズの『ハード・タイムズ』に出てくる悪徳校長トマス・グラッドグラインドにたとえて批判しました。「アメリカの子どもは、平均して一日二六分しか休み時間がない。それも昼食時間を含めてだ。貧困層の子どもはそれ以下だ。」（読解力テストで高得点をあげているフィンランドでは、四五分の授業につき一五分の休み時間をとっています。フィンランドについては後述します）

次は高校の話です。ニューイングランドのマサチューセッツ州ニーダムの名門校に新しく赴任した校長は、生徒のストレスがあまりに高いことに驚きました。そこで、生徒のストレス対策のための委員会を立ち上げ対策法を検討し、最終学年の必修科目にヨガを置きました。地元の新聞に成績優秀者を発表することもあえて中止し、宿題も減らしました。しかし保護者の納得が得られず、一年たたずしてこの校長はロンドンのアメリカン・スクールに転勤せざるを得なくなりました。実は、校長が代わった後も、生徒のストレスを緩和しようとヨガのクラスは続けられました。宿題は休日だけになり、成績優秀者の表彰も新聞で公表するのではなく、校長から家庭に手紙で通知するようになりました。

他の名門校でも、昼休みを確保することが義務づけられました。それまでは、大学に提出する調査書が少しでもよくなるようにと昼休みもまともにとらない状況だったのです。一昔前、「勉強地獄」と言われるのはシカゴ大学のような名門大学だけでしたが、エリート高校もそう呼ばれるようになってしまっていたのです。

大学の入試担当者やカウンセラーも学生のストレスに危惧を抱いています。アメリカ最古の大学であり全米のエリート学生を集めるハーバード大で三〇年も入試課に務めるベテラン職員によれば、今の学生はまるで「死ぬまで続くブートキャンプをフラフラになりながら生き延びている」とのこと。「この状況を変えない限り、多くの優秀な人材を失ってしまうことになる。成績を上げることだけ考えているうちに、家族の絆はもう崩壊寸前になっている」と危機感をつのらせています。勉強地獄に追い込んでも本をたくさん読む優秀な学生は育ちません。学生を「ストレス難民」にする必要など全くないのです。

逆に、教育は学校や教師の仕事であって親の仕事ではないと考える親もいます。実際はこういう親の方がはるかに多いでしょう。そこで、ここからは私が今まで親御さんや学校の先生から受けた質問にお答えする形でお話を進めていきたいと思います。例えば「ヘリコプター・ペアレント」とは正反対の親御さんからは、こんな質問をいただいたことがあります。

読書指導は親の仕事なんでしょうか？　学校の仕事ではないでしょうか？

この質問には「スポンジ理論」でお答えしましょう。「スポンジ理論」とは、今から一〇年ほど前、孫のタイラーの幼稚園の入園式で、ビアンカ・コットンという女の子の様子を見て思いついたものです。入園式の日の保護者交流会で私が子どもたちのスナップ写真をとっていると、ままごとコーナーから話し声が聞こえてきます。振り返ってみると、ビアンカちゃんがおもちゃのコンロで料理しながら、おもちゃの電話で話しているのです。身振り手振りも交えて、料理をしながら話しています。

子どもは大人のあらゆる行動をマネして吸収する「スポンジ」のような存在なのです。料理しながら電話をする大人の姿を見たことがなければ、ビアンカちゃんもお料理ごっこの最中に電話を手に取ることはなかったはずです。

一九五六年から今までの大統領選の結果を見事に予測してきた新聞が一つだけあります。「ウィークリー・リーダー」という学校向けの子ども新聞です。この新聞の模擬投票には二五〇万人の子どもが投票するのですが、今まで一四回実施されたうち、実際の大統領選の結果と一致しなかったのは一度だけです。子どもたちは、リビングやキッチン、車の中、あらゆるところで、大人たちの考えていることをスポンジのように吸収し、その結果を模擬投票に反映させたのです。

子どもが学校で過ごすのは一年間で九〇〇時間。一方学校外で過ごすのは七八〇〇時間。親と先生ではどちらが子どもに与える影響が大きいでしょうか。子どもの成長のために使える時間が多いのは学校と家のどちらでしょうか。学校での九〇〇時間と学校外での七八〇〇時間。この二つの数字をしっかり覚えておいてください。

ワシントン・ポスト紙の教育コラムニスト、ジェイ・マシューズ氏は二二年間の取材活動を通して次のように語っています。「学力は、程度の差こそあれ、ほとんどのケースで学習時間に比例しています。時間をかけずに学力を向上した例を私は知りません。」私も同じことを何年も言い続けてきました。学習時間を増やすには、学校の授業日数を増やすか学校外での七八〇〇時間を有効に活用するかのどちらかしかないのです。国や州の財政が厳しい中、授業日数を増やすのは難しいでしょう。子どもが家で過ごす七八〇〇時間を有効活用する方がよほど現実的です。

黒人の学者、ハーバード大ロナルド・F・ファーガソン教授は、公立学校における人種間の学力差を長年研究しています。人種問題は複雑な面がありますが、教授は一つの結論を導きだしています。「問題の本質は、長い歴史の中で確立してきた親の教育観の違いです。言いにくいことなのですが、学力格差の根はそこにあります。」ファーガソン教授によれば、黒人家庭では昔から教育を学校の仕事ととらえる傾向が強く、白人家庭では親が教育に関わったり塾や習い事にもお金を出す傾向が強いそうです。

教育問題は何でもかんでも学校に責任があるような論調が目立ちますが、読解力をはじめとする基礎学力は、子どもが学校に通い始めるずっと前に家庭環境で決まってしまうという研究結果もあります。例えば、幼稚園の二一学級の中で本に対する興味が高い子どもと低い子どもの家庭環境を詳細に調査したのが次の表です。結局、「リンゴの実は木の近くに落ちる」ということです。リンゴを変えたければ、木を変えるしかないのです。

教育問題は、根拠のない印象や、時には政治的意図で語られることが多いのですが、研究によって様々なことが明らかになっています。しかし、研究データは無味乾燥であることも事実。そこで、この本では研究結果を生きた形でお示しできるよう、数々の実例もご紹介していきま

幼稚園児の家庭環境／行動調査

家庭環境	本への興味が高い子どもの家庭（%）	本への興味が低い子どもの家庭（%）
母親の娯楽		
・テレビを見る	39.3	63.2
・読書	78.6	28.1
母親が新聞を読む	80.4	68.4
母親が小説を読む	95.2	10.5
父親の娯楽		
・テレビを見る	35.1	48.2
・読書	60.7	15.8
父親が新聞を読む	91.1	84.2
父親が小説を読む	62.5	8.8
家にある本の冊数	80.6	31.7
子どもが図書館利用者カードを持っている	37.5	3.4
子どもを図書館に連れて行く	98.1	7.1
日常的に子どもに読みきかせをしている	76.8	1.8

引用　モロー『幼児期の読書への興味関心に関する家庭と学校の関連』Journal of Educational Research, 1983 年 4 月

す。

例えば、ピューリッツァー賞も受賞したコラムニスト、レオナルド・ピッツ・ジュニア氏はこう話しています。「私の母は、立派な学歴はありません。高校中退です。実際、ミシシッピーで黒人に生まれたら学校に行くのは大変なことなのです。しかし、学校に行けないからといって頭が悪くなるというわけでは決してありません。」レオナルド氏によればお母さんは「活字中毒で、好奇心旺盛だっ

た」そうです。次にご紹介する文章は、二〇〇四年、四六歳になったレオナルド氏が書いたものです。パソコンの前に座って、お母さんの様子を思い浮かべながら文章を書いているレオナルド氏を想像しながら読んでみてください。

本の素晴らしさを教えてくれたのは母でした。母は心臓病を患い、生活保護も受けていました。ロサンゼルスのダウンタウンにある公営住宅に住んでいました。一九六二年か六三年のことです。母が本を読んでくれたわけではなく、私の話をいつでも聞いてくれたのです。私はアイロンしたり料理したりしている母に、自分がつくったスーパーヒーローの話をしていました。母はわが子に勉強を教えられないことを悩んだこともあったと思うのですが、そんなそぶりは見せず、うなずきながら、話のクライマックスでは「へぇ！」「すごい！」と声をかけてくれました。話が終わると「晩御飯だから手を洗っておいで」と言ってくれたものです。

レオナルド氏がこの手紙を書いたのは、お母さんが亡くなってから一六年後です。亡くなってしまったお母さんにどうしても感謝の気持ちを伝えたかったのでしょう。この手紙は、マイアミ・ヘラルド紙のコラムに掲載されました。母のピッツさんは、学校外での七八〇〇時間で塾に通わせることはできませんでしたが、息子の話に熱心に耳を傾けることで「勉強を教えた」のです。アイ・コンタクトの家庭教師を雇うことはできませんでしたが、お金を貯めて、レオナルド氏が八歳の時におもちゃのタイプライターを、一四歳になった時には、中古ですが本物のタイプライターを買ってあげたのです。たいした出費ではありません。マンガを何冊か買うくらいのお金です。

前述のウィリアムズ夫妻も、レオナルド氏のお母さんも、教育の「企業秘密」を知っていたのです。こんな素晴らしい企業秘密を無視して必死でテスト勉強させるのは、ガン患者に「フケをなんとかしたほうがいいですよ」と言っているのと同じくらい馬鹿げたことです。残念ながら、政府がすることと言えば、「落ちこぼれゼロ運動（No Child Left Behind）」や「トップを目指せ（Race To the Top）」のようなテスト対策ばかりですが。

何度でも申し上げたいのですが、子どもを読書好きにするのに多額のお金がかかるわけではありません。アメリカで最大規模の学習状況調査（二万二〇〇〇人対象）によれば、幼稚園の成績下位生徒の約半数が貧困家庭の子どもですが、高収入家庭の子どもで占められた成績上位層の中にも、六%は貧困層の子どもがいます。また、毎年全ての大学卒業者の六%が貧困層です。親が正しいことをしていれば、お金をかけなくても学力向上はできるということを、この数字が物語っているのではないでしょうか。政府も成績が悪いのは先生の責任だという何の根拠もないデタラメを言うのではなく、まず親が何をすべきかを知らせるべきなのです。

親の意識を変えることは、本当にできるのでしょうか？

できるはずです。「親が家庭でできること、すべきこと、しなければならないこと」を全ての国民に知ってもらうためのキャンペーンをするのです。ファースト・レディが全国の保育園をまわって「子どもに読みきかせしましょう！」と呼びかけるような、お上品でこぢんまりしたキャンペーンのことではありません。もっと全国的に、多くの親に訴えるのです。

全国の親の意識を見事に変えた成功例があります。禁煙運動です。禁煙キャンペーンは、以下の三本柱から成っていました。第一に「知らせる」。次に「脅す」、最後は「恥をかかせる」。まず初めに、様々なメディアを通して、喫煙者がガンにかかる確率と、喫煙者の致死率の統計が知らされました（「知らせる」）。次に、死ぬ間際の喫煙者の肉声がテレビ等で流されました（「脅す」）。とどめに、「喫煙者とキスするのは灰皿をなめるのと同じ！」など、喫煙者の肩身がせまくなるような看板を街中に掲げました（「恥をかかせる」）。

徐々に世論が高まり、行政側も世論に押されて条例を整備しました。今や、ほとんどの家庭と全ての公共施設で喫煙が制限されています。運動が始まり五〇年が経過した現在、アメリカの喫煙者の割合は二三%以下になりました。数千万の命が救われ、数千万ドルもの予算を節約することができたのです。

さて、この禁煙運動のモデルにならって家庭教育を変えることはできないでしょうか。一年で、あるいは、一人の大統領の任期以内にと言っているわけではありません。数十年にわたって根気よく続けるのです。先ほどの三つの柱を基に運動を展開するのです。意識を変えるきっかけは人それぞれです。たった一つのことで全ての親の意識が変わることはありません。まずは、本書で紹介する子どもの読書に関する統計を多くの親に「知らせ」ます。次に、家庭で読書教育をしないと子どもが不幸になると「脅し」ます。最後の詰めは正しい読書教育をしていない親に肩身が狭い思いをさせる、つまり「恥をかかせる」のです。人前で恥をかかせるということではなく、親としての良心の呵責を引き出してやるのです。子どもの前で平気でタバコを吸う親にも、飲酒運転する親にも、自分の子どもが夜の一〇時にどこにいるか知らない親にも、私たちは同じことをしてきたはずです。ただ、政治家は親を脅したり恥をかかせるのは嫌がるでしょう。真剣に子どもの教育を考える教師の票よりも、何も考えていない親の票の方がずっと多いからです。ですが、そんなことを言っている場合ではありません。当選すればいいという考え方は、もういい加減やめてほしいものです。

私自身は、案外簡単に親の意識を変えることができるのではないかと思っています。政府は今まで三〇年間、ずっと教育改革の必要性を叫び続けてきましたが、一度たりとも親が何をすべきかを訴えたことはありません。そこで私はちょっとした実験をしてみました。今まで本などに書いたり講演で話してきたことを、トピック別に両面一枚の白黒パンフレットにまとめたのです。PDF形式で自分のホームページに掲載し、「自由にダウンロードして親御さんにお配りください」と書いておきました。実験というのはそれだけのことです。広告も宣伝も出版社へのリンクもありません。学校や図書館が無料で親に配布できる、ちょっとしたパンフレットだけです。

実際にどのような方に使っていただけるか知りたかったので、「ダウンロードする際は、使用許可依頼のメールを送ってください」とのメッセージも載せておきました。その後三年間で、およそ二万の学校から使用許可の依頼がありました。ほとんどがアメリカですが、ほぼ全ての大陸からリクエストをいただいています。大都市からも、アメリカ南西部の小さな村からも、また、中東の学校からも、インド、韓国、日本からも。先日はカザフスタンからもメールをいただきました。何か親の意識に訴えるものはないかとインターネットで調べている中で私のパンフレットを偶然見つけたとおっしゃっています。私ひとりでこれだけのことができたのですから、国をあげて必死にやればもっとできるはずです。多額の予算を使い、大規模な宣伝活動を行ったらどうなるでしょうか。政府が真剣に家庭教育の重要性を理解し、数百万ドルの予算と国にしかできない発信力をフルに使ったらどうなるでしょう。大手の広告代理店を使って、オリンピックやサッカーのワールドカップ並みのプロモーションをしたらどうなるでしょうか。

インターネットやビデオがここまで発達した今でも、読書は大切なのでしょうか?

読書こそ教育の中核です。文字が読めなければ何も始まりません。学校で習う科目は全て、字を読むことから始まります。数学の文章題も、読めなければ解けません。理科や社会の教科書を読めなければ、テストに答えることなどできません。

読書は教育の要であり、長生きのための安全ベルトとも言うことができます。以前ランド研究所が、長寿の要因を可能な限り調べ上げました。人種、性別、地理的要因、教育、結婚、食事、喫煙に始まり、教会に行く頻度まで調べたのです。その中で最も長寿に関係していたのは教育でした。別の学者はさらに百年前まで、つまり、アメリカで義務教育が導入された時代までさかのぼって調べました。すると、一年教育を受けると平均寿命が一年半ずつ伸びていくということが明らかになりました。同様の調査を他の国で実施したところ、やはり同じ結果があらわれました。アルツハイマー病の研究でも、子どもの頃からの読書量と語彙量が、アルツハイマー病に対する免疫効果を発揮するという結果が出ています。

こういった研究結果も合わせて考えると、ビデオやインターネットが発達した現代社会でも、「読む力」が一番大事だと断言できます。なぜでしょうか。単純な公式にして見てみましょう。全て研究論文で発表されているものです。

1. 本を読めば、それだけ知識が増える。
2. 知識が増えれば、賢くなる。
3. 賢くなれば、進学することができる。
4. 進学できれば、学歴もよくなり長く働くことができる。だから、生涯賃金も増える。
5. 学歴が高ければ、子どもの成績もよくなり自分自身も長生きできる。

次に、逆の結果を見てみましょう。

1. 本を読まなければ、知識は増えない。
2. 知識がなければ、中途退学してしまう。
3. 学校を退学したら、ずっと貧乏のままであり犯罪を犯す確率が高まる。

貧困と低学力には密接な関係があります。そして、学力が低いと人生に絶望し、犯罪を犯し、刑務所行きになってしまう原因にもなるのです。以下の統計を見てみてください。

・教育を受ければ受けるほど雇用の機会は増え、逆に刑務所に行く確率は減る。
・受刑者の六〇％が、字が全く読めないか、それに近い状態である。
・受刑者の七〇〜八二％が中途退学者である。

なぜ中途退学者が出てしまうのでしょうか。課題をこなすだけの読解力がないからです。読解力がないと全ての科目の成績が悪くなります。読解力が上がれば卒業率も上がり、逆に受刑者数は減るのです。国全体の社会環境が変わります。

無知、貧困、絶望……そんなことに負けてしまう前に、「読書」という究極の武器を手に取ろうではありませんか。読書をしない国民は無知な国民です。知識がなければ、家庭でも、市場でも、裁判でも、選挙でも、間違った判断をしてしまいます。間違った判断が、国を間違った方向に導くのです。「本を読む国」は発展し、「本を読まない国」はどんどん退化していきます。

景気は悪いのに大学の学費は高くなっていますが、こんな時代でも大学に行く価値はあるのでしょうか？

この問題を調査したブルッキングス研究所の経済学者たちは次のように述べています。「一〇万二〇〇〇ドル手元にあるとします。質のよい大学教育を受けるのと、株や債券、金または不動産に投資するのと、どちらがリターンが大きいか。過去六〇年間にわたる大卒者の生涯賃金と、投資市場の実績を調べてみると、長期の回収率は次の表のようになります。表を見るとはっきりわかりますが、大学に行く方が二倍のリターンがあるのです。」

現在の不況はあらゆる人に影響を与えています。しかし、高等教育を受けた人が一番打撃が少ないのです。高卒の失業率は二倍にはねあがります。

大学に時間とお金を投資することがベストだということがおわかりいただけたと思います。そして、大学で優秀な成績を収めている人は優れた読書家だということも、ここまで説明してきました。ということは、親としてできる限りの時間と力を注ぎこんで子どもを読書家に育てることこそ、最高の投資であるということになります。読書家になった子どもが大学に行きたくないとしても、本を読む子どもは人生において常に賢い選択ができると思います。そして、有権者としても陪審員としても正しい判断をし、社会全体に貢献できる人になるでしょう。一言で言えば、読書をする人を育てることはウィン・ウィン・シチュエーション、つまり全ての人にとっての利益になるのです。

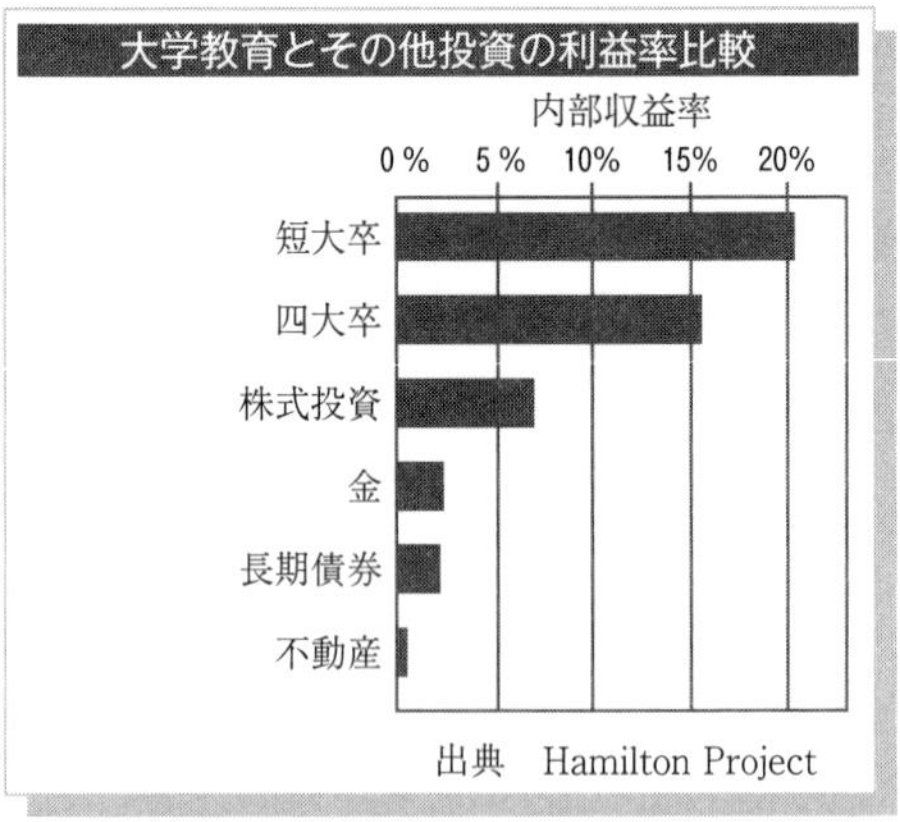

あらゆる投資を比較すると、大学教育が一番リターンが大きい。

教育改革はなぜうまくいかないのですか?

この質問に対しては、この本全体を通してお答えしていきますので、ここでは少しだけ私の意見を述べたいと思います。

ここ三〇年間、テスト産業が政府をうまく使いながら莫大な利益をあげています。証拠をお見せしましょう。ニューヨークタイムズ紙教育コラムニスト、マイケル・ウィナリップ氏が二〇一一年に素晴らしい記事にまとめています。毎年、教育委員会や政治家が発表する公式声明と、その年の学力テストの結果を比較したのです。市や州の教育委員会が、「新しいテストを導入することで、成績が向上した」と誇らしげに発表します（もちろん、そのテストはテスト業者がつくっています）。しかし、実際の成績は下がっているのです。新しいテストで高得点を取った子どもたちが、数カ月後の全国学力テストを受けてみると……得点が下がっているのです。何度でも繰り返しますが、小手先の教育改革による「成果」は実際には欺瞞に満ちたいい加減なものなのです。信用してはいけません。これは、アメリカで最も「進歩的」と言われるニューヨーク州の教育改革の話です。無責任な政治家や官僚に振り回されている子どもたちを救ってください、と神に祈りたくなる気分です。

国でも州でも都市でも、官僚や政治家があらゆるメディアを通してテストの重要性を訴えていますが、ほとんど根拠もない浅はかな考えです。残念ながら多くの人がテストの結果を信じてしまっていますが、テスト至上主義に異を唱えている教育関係者もいるのです。

政府に任せていては、いつまでたっても本を読む子どもは育ちません。子どもも、親も、先生も、図書館司書も、真の教育改革ができるのです。では実際どんなことができるのか、これから見ていきましょう。

第1章　なぜ読みきかせ？

教育とは、容器を満たすことではなく、燃料に点火することである

ウィリアム・バトラー・イエーツ

一九八〇年代のある日、久しぶりに母校を訪ねました。ニュージャージー州ユニオンにある、コネチカット・ファームズ小学校です。一五人ほどの子どもが読みきかせコーナーに座って、わくわくした様子で私を見つめています。「今年中に本が読めるようになりたい人はどれくらいいるかな？」と質問を投げかけると、ちょっと間をおいて全員が手をあげてくれました。「僕、もう本読めるよ！」と自慢げに叫ぶ子もいました。幼稚園の先生は誰しもこう言います。「幼稚園や学校に通い始めた子どもはみんな本が読めるようになりたいと思っているのです。」学校に通い始めた時には、一〇〇％の子どもが読書に対する情熱と欲求をもっています。まさ

に、人生の第一章と言うことができるでしょう。

その後、子どもたちはどうなっていくのでしょうか。「全国読書報告」を見ると、学年が進むにつれ、全く違った状況になってしまうことがわかります。

・四年生で毎日少しでも娯楽として読書をする生徒は五四％
・八年生（中二）では三〇％
・一二年生（高二）ではたった一九％
・二〇一〇年、カイザー家族財団が八歳から一八歳の子どもを対象に行った調査では、任意の一日に、全く本を読まない子どもが五三％、雑誌を読まなかったのは六五％、新聞を読まないのは七七％
・労働統計局の二〇一〇年の調査によれば、一五歳から一九歳までの若者（おもに高校、大学生）の一日の読書時間が平均一二分。一方、テレビを見る時間は二・二三時間

考えてもみてください。最初は、読書に興味をもっている子どもは一〇〇％だったのです。それが、一八歳になるまでに四分の三以上の読書家が姿を消してしまったのです。企業がそれだけの顧客を失えば、確実に倒産でしょう。確かに思春期を迎え大人になっていく時期は、生

活面でも心理面でも様々な問題が起きます。自然と読書時間は少なくなるかもしれません。しかし、小さい頃に持っていた情熱が一生涯戻ってこないとしたらいかがでしょうか。学校教育の目的が「生涯学習者」つまり「生涯読書をする人」を育てることだとしたら、調査結果からは教育の成果が上がっていないことがわかります。教育の方法が間違っているとしか考えられません。

さて、この調査結果が大人の読書の状況にどれくらい反映されているでしょうか。国立芸術基金（The National Endowment for the Arts）は二五年間、大人の読書習慣に関する調査をしていますが、最新の調査結果が一三歳と一七歳の全米学力調査の結果と見事に一致するのです。一九八二年と比べて、文学作品（小説、短編小説、詩など）を読んだ大人は二二％ダウン。年齢、性別、人種や学歴にかかわらず減少しています。二〇〇二年になると、調査を受けた一万七〇〇〇人の中で、直近の一年で一冊でも小説を読んだ人は四六％しかいませんでした。別の調査では、小説だけでなく雑誌や新聞を含めましたが、それでも五〇％にしかなりません。結局、国民の約半数が「文字が読めない」ということになってしまいます。

序章でもお話ししましたが、一九七一年から二〇〇八年の読解力テスト得点比較では、一七歳は一ポイント、一三歳は五ポイントしか得点が上がっていません。この期間のほぼ半分を費やして、国をあげて「学力向上のための教育改革」が行われたのです。その間に、八歳から一八歳の子どもがスマホやタブレットなどを使う時間が一日に七時間半にもなってしまいました。まるで、巨大な嵐が海の向こうに見えているような恐怖に襲われます。

フェイスブックやツイッターなどで活字に親しんでいるのでは？

そのように考える人もいることはいます。しかし、私は賛成しかねます。フェイスブックやツイッターで使っている言葉は、冷蔵庫にマグネットで貼っておくメモのようなものではないでしょうか（メモの方が、文も長くて字も正しいことが多いかもしれません）。最新の調査によれば、アメリカの一〇代の若者は一カ月に三三三九回（毎年増加しています）、メールや、ツイッターやフェイスブックのメッセージを受けとっています。起きている時間だけ考えると、一時間に六回メッセージを受信することになります。一つのメッセージは、おおむね一三〇字から一六〇字であることを考えると、読んだからと言って読解力や思考力が向上するとは思えません。内容も、噂話や、ファッション、音楽や映画などのエンターテインメントに関するものばかりですので、じっくり考えて読むこともありません。また、メッセージを受け取ると即座に返信することも多いので、考えて書くこともなくなってしまいます。

インターネットで活字を読むと言っても、実際には、ホームページの一八％しか読まれておらず、一ページを読むのにかける時間も一〇秒かそれ以下であるという研究結果もあります。

確かに、昔から本を一冊も読まずに学校を卒業する人も一定の割合で存在します。しかし、今学校の先生が心配しているのは、その割合が年々増加しており、大学生もその中に含まれてしまっていることです。大学の先生からよくこんなことを聞きます（もちろんその中には教育学部の教授もいます）。「学生の中で、読書家と言えるのは二五％から三〇％。一年間に、自分で読みたくて小説を読んだ学生などほとんどいない。好きな作家や子どもの時の愛読書を聞いても答えられない。」

トップクラスの進学校に勤めるある先生は、こう言っています。「文章を読んでも、大事な部分しか読まない。すぐにネットに頼るか、よく本を読んでいる他の生徒に教えてもらっている。あるいは、授業で先生の説明を聞くだけですまそうとしています。」読書に対する愛情を持ちあわせていない学生は、単に小手先のテクニックで単位をとっているのです。愛情が芽生えないのはなぜでしょうか。問題集を解いたり、テスト対策の勉強をするだけでは、愛情は芽生えません。つまり、読書が楽しいものだという発想がなくなってしまうのです。

しかし、私たちは「字が読めない国民」などではありません。普通の子どもは字が読めるのです。実際、一九四〇年には二〇％だった大学進学率も、今では六〇％にもなります。要は、本を読まないで、うまくすりぬけているだけなのです。

本を読まないで大学に入ってしまうと、そこでツケを払わされることになります。コミュニティー・カレッジ（短大）では、七四％もの学生が中途退学しています。四年制大学では、四三％です。

なぜこれほど多くの人が大学を卒業できないのでしょう。ニューヨーク州立大学では、新入生の四分の三が、読解、作文、数学のいずれか、または全てにおいて、補習授業を必要としており、そのために、三三〇〇ドルもの州予算を使っています。もちろん、高校を卒業して大学に入った学生です。学力不足の学生は収入が低い家庭の子どもで、一家で最初に大学に入ったという場合が多い。小学校から大学まで、低学力の子どもの家庭は活字環境が非常に貧しいという事実に注目してください。本も雑誌も新聞も家の中にないのです。読むものが身近になければ、読書量が増えて読解力が向上するということはありえません（第5章参照）。

では、どのように問題を解決していけばいいのでしょうか？

一九八三年に、学力調査の結果に危機感を持った教育省は「読解力調査委員会（Commission on Reading）」を設立しました。読解力はほぼ全ての教科の基礎であり、問題の根源も、解決の鍵も読解力にあるということが共通認識されていました。

調査委員会は二年かけて、それまでの四半世紀に行われた数千もの調査結果を分析し、一九八五年に「読書家の国をめざして（Becoming a Nation of Readers）」という報告書をまとめました。数々の調査結果の中で、特に以下の二点が強調されています。

・読解力を養成するために最も重要なのは「子どもへの読みきかせ」である。
・読みきかせは、全ての学年で継続すべきものである。

「最も重要な」という言葉からわかることは、教育の専門家が、問題集や単語カード、宿題や読書感想文よりも、読みきかせが大切だと考えているということです。お金がかからず、簡単で、昔から行われている方法が推奨されたのです。家庭でも学校でもできますし、高学歴でない人でもできることです。

では、どうして読みきかせを通して読解力がついていくかをご説明しましょう。次の二つの簡単な公式で全て説明できます。

・読めば読むほど理解できる。理解できれば楽しくなる。楽しくなればもっと読む。
・読めば読むほど知識が増える。知識が増えれば賢くなる。

ほとんどの子どもが、四年生になるまでに文字が読めるようになります。実際、八年生（中学二年）の時点では、読解力が標準以下の子どもが二四％、標準的な読解力の子どもは四二％、そして読解力が高い子どもが二五％となっています。最高レベルの読解力がある子どもはわずか三％です。読解力を上げるためには、とにかくたくさん読むことです。自転車と同じで、乗って、転んで、また乗って、何度も何度も繰り返すうちに、うまく運転できるようになります。曲がる方向に車体を傾けたり、止まった時に足を地面に置いたりする動作も自然に身につきます。

子どもが読書を嫌いになり始めるのは、小学校四年生の頃だと言われています。それまで三年間で習ったことを、もっと長い文章を読むために応用しなければならなくなるからです。「四年生ショック」と名づけた教育学者もいるほど、この時点で本を読む子どもと読めない子どもに分かれてしまうのです。

学校の授業がつまらないから読書が嫌いになってしまえば、子どもは学校の外でも本を読もうとはしないでしょう。前にお話ししたように、子どもたちは七八〇〇時間という膨大な時間を学校の外で過ごしているのですから、本を読めるようになるかどうかはこの時間の使い方にかかっています。学校の外で本を読まなければ、学校の成績はさらに下がってしまいます。

こういう子どもたちに、学校でも家庭でも、できれば幼少の頃から、小学校に通い始めてからは必ず読みきかせをする。そして、本を読みたくなる気持ちを芽生えさせる。これが読解力調査委員会のメッセージだったのです。

読みきかせをするだけで大きな効果があるのはどうしてですか?

家を支えているのは柱です。そして、学習の柱は言葉です。言葉の入り口は二つだけ、つまり目と耳です。目で読むか、耳で聞くかしかないのです。目で言葉を読めるようになるには何年もかかります。だから、最初は耳から入れてやるのです。思考や脳の発達にはそれがベストなのです。親が語りかけた言葉の音が、子どもの脳、つまり「家」の柱になるのです。音で伝えられた言葉が、後に目から言葉の意味を知るのに役立ちます。

親は、子どもに話しかけることで子どもを安心させ、楽しませ、絆をつくり、情報を伝え、好奇心を芽生えさせ、インスピレーションを与えます。読みきかせも同じことです。読みきかせの場合はさらに次のような効果もあります。

・語彙が増える。

・「本は楽しい」という回路が脳の中で形成される。
・背景知識が豊かになる。
・親が読書家としての見本を示す。
・本を読みたいという気持ちが芽生える。

娯楽としての読書時間が減った背景には、読みきかせの時間が減ったことが一因です。子どもが中学生になると、誰も読みきかせをしなくなります。読みきかせは本の広告です。広告が少なくなれば当然読書時間も減ります。

読書には二つの法則があります。ほとんどの教育学者に見過ごされていますが、この二つが車の両輪のように動かなければ、何をやってもうまくはいきません。

法則1　人間は快楽を優先する
法則2　読書は後天的な技術である

まずは、法則1について。人は、楽しいことは何度でも何度でも繰り返します。気に入ったレストランのリピーターになり、いつもお気に入りのメニューを注文する。自分が好きな音楽をかけてくれるラジオ番組を聴くし、気の合う人の家にはしょっちゅうお邪魔します。逆に、嫌いなものは料理も、音楽も、人も避けたいものです。人の心理とはこういうものです。私たちは楽しいことには自分から近づいていきますが、嫌なことや苦痛からは離れようとします。

読みきかせをすることで、「本は楽しい」というメッセージを子どもの脳に送り続けます。いわば、読書のCMなのです。「活字を読むことは楽しい」という回路をつくってやるのです。

学校の勉強にはどうしても苦痛がつきまといます。いい点をとらなきゃいけないという強迫観念にかられることもあります。何の役に立つのかよくわからないものもたくさんある。延々とプリントの練習問題を解き、文字の練習をして、文脈も何もないテストを受ける。このように、学校で苦痛ばかり受けているとしたら、当然本からも逃げるようになります。

そこで、法則2の登場です。読書は、自転車や車の運転、裁縫と同じで、うまくなるためには何度も繰り返す必要があります。読めば読むほど、読めるようになるのです。過去三〇年間の読書に関する調査でわかったのは実に単純なことです。性別や人種、国籍、また社会的経済的地位とは関係なく、読む量が多い生徒が読解力も高く、その結果、進学率も高いということです。逆に読書量が少ない生徒はなかなか読めるようにならない。なぜ本を読まない子どもがいるのでしょうか。そこで、法則1に戻ります。学校の中で読書が苦痛だと思わされ、家庭でも本が楽しいと思う経験がない。当然、読書の本来の楽しさなどわかりません。子どもが本を読まないのは、猫がストーブに近づかないのと同じなのです。

読解力世界一と言われるフィンランドでは、早くから読書教育を始めているのですか?

まったく逆です。早期教育に効果があると考えている人は、フィンランドの実態を見て考え直す必要があります。フィンランドでは、知育玩具のベビー・アインシュタインは流行していません。実は、フィンランドで読書指導が始まるのはアメリカよりも二年遅い、七歳です。それでも、九歳の時点ではアメリカの子どもよりも読解力が高くなっています。

実際には、フィンランドで行われていることのほぼ全てが、アメリカの教育専門家が言っていることとは逆なのです。ほとんどの母親が仕事をもっており、一歳以下の子どものほとんどが保育所に預けられています。学校に上がるのは七歳で、最初のうちは半日授業です。一六歳まで同じ学校に通います。エリート教育もありません。クラスの人数も三〇人程度がほとんど。授業時間は四五分で休み時間は一五分あります(フィンランドの授業時間は先進国の中で最も短いのです)。国レベルの学習指導要領も統一学力テストも一六歳まではありません。給食も大学の学費も無料です。家庭での読書率も高い。また、読みきかせが強く奨励されており、公共図書館が強力にバックアップしています。

三年ごとに実施されるＯＥＣＤ（経済協力開発機構）の読解力テストでも、フィンランドは一位です。実は、アメリカの中にフィンランドの教育制度に近いものがあります。軍の基地内の学校です。全国学力テストが免除されているにもかかわらず、普通の学校よりも読解力が高いのです。

読解力が高い子どもには何か共通点がありますか？

一九九〇年から九一年にかけて、ウォーウィック・エリー教授が国際教育到達度評価学会（ＩＥＡ）で、三十二カ国を対象に行った調査では、読解力の高い子どもの特徴として、以下の二点があげられています（第５章で、さらにもう二点ご紹介します）。

・学校で先生が読みきかせする頻度が高い。
・学校で自由読書時間がある。自由読書時間が毎日ある方が、週に一回だけの場合よりも読解力が高い。

四五頁で説明した二つの法則にもあてはまりますね。読みきかせをしてもらうと、子どもは自分で本を読みたくなります。同時に、聞いて理解する力もつきます。ある国際的な調査によれば、一五万人ほどの小学四年生のうち、家で「いつも」読みきかせをしてもらうと、「時々」してもらうよりも読解力テストの得点が三〇ポイント高いとのことです。結局、いつも読みきかせしてもらっている子どもは、それだけたくさんの言葉を聞き、いろいろなことを理解できるようになります。だから、日々の読書が楽しくなるのです。

読みきかせの効果を証明する研究結果はあるのですか?

ここ三〇年間だけでも、読みきかせの効果を証明した研究は数多くあります。その中から三三の研究をメタ解析にかけ、調査結果の正当性を確かめる研究がありました。家庭での読みきかせの頻度が高いと、親の収入や社会的地位とは関係なく、言語音への感受性、言語能力の向上、基礎的読解力の向上に好影響を与えるという分析結果が出ました。また、読みきかせを始める年齢が早ければ早いほど、よい結果が出るということもわかりました。小学校の低学年になっても、同じ絵本を最低三回繰り返し読んでもらうことで一五%から四〇%語彙力が向上し、定着率も高くなるということも明らかになりました。二〇〇一年に一五万人の小学四年生を対象に行われた国際調査においても、親に読みきかせをしてもらっている子どもは平均して三五ポイント読解力が高いという結果が出ました。

五〇年ほど前に設立されたＯＥＣＤは、経済だけでなく教育問題にも取り組んでいます。一〇年以上にわたって、一五歳を対象に様々な科目の学力テストを行い国別のスコアを比較しています。また、二〇〇六年から現在まで、受験者の親のうち五万人を対象に、子どもが一年生の時点で読みきかせをしていたか、していたとしたらどのくらいの頻度で行っていたかを調査しました。調査結果は、子どものＰＩＳＡ（Programme for International Student Assessment 国際学習到達度調査）のスコアと強い相関関係があることがわかりました。小学一年生の時に読みきかせをしてもらった回数が多いほど、一五歳の時点での読解力テストの得点が高いのです。半年分の学習に相当する差が出ている場合もありました。

以前、北カリフォルニアで講演をしたことがあるのですが、講演から数年後に、聴衆の方から地元の新聞の投書欄のコピーをいただきました。その投書は、年間最優秀教師として表彰された小学五年生担当の先生に関する記事に対する苦情でした。記事の中では、読みきかせの技術を称賛する同僚教師の声も紹介されていました。投書は、その記事を読んで怒り心頭したある父親からのものでした。「貴重な授業時間を読みきかせなどに使うのはいかがなものでしょうか。登場人物の声をマネたりして子どもの関心をひきつけようなどもってのほかです。小学校の先生は、いつからベビーシッターになったのでしょうか。」

ベビーシッターだなんてとんでもありません。読みきかせは、まさに人類の英知の歴史なのです。二千年以上前、ユダヤ教徒の父親たちは、教典に従い子どもを膝の上に乗せて読みきかせをしていました。それから千年後にできたベネディクト修道会での生活指針である「聖ベネディクトの戒律」の第三八章には、「食事は静粛に行わなければならない。ただし、指定された者が、食事をする者に対し、本を読みきかせをする場合はこの限りでない」と述べられています。中世の暗黒時代に知の光をともしつづけた修道士たちに本の読みきかせをした人がベビーシッターなのでしょうか。ちなみに、現在でもベネディクト修道会では少なくとも一日に一度、食事の際の読みきかせが行われています。聖典などの宗教に関するものだけでなく、世俗のものも読まれています。教科書が読まれることはありません。「読書への愛情は、私たちが千五百年以上も受け継いでいるものなのです」と、ある修道士は私に教えてくれました。

また、工場の労働者に対する読みきかせの歴史もあります。車の運転や仕事をしながら聞くオーディオブックの前身と言えるかもしれません。一八〇〇年代半ば、タバコ産業が最盛期を迎えた頃、最高品質のタバコはキューバで生産されていました（その後、フロリダやタンパ地域が中心になっていきます）。この時代の葉巻は、熟練した職人が一本一本手作業で巻いて、一日に数百本生産されていました。高度な技術を要する作業なのですが、息の詰まるような工場の中での単純作業であることには変わりありません。そこで、気を紛らわせるために誰かに本を読んでもらってはどうかということになったのです。工場での読みきかせは、「ラ・レクトゥーラ（スペイン語で読書の意）」と呼ばれるようになりました。

読み手は（タンパ地域だけで数百人いました）作業場の真ん中の、一段高くなった台に置いた椅子に座って、四時間もの間、新聞に始まり、古典文学やシェイクスピアまで読み上げました（さあ、これのどこがベビー・シッターなのでしょうか）。

アメリカで労働者の組織が確立し始める頃には、読みきかせは娯楽だけではなく、世界中の進歩的な思想を労働者に伝える役割も果たしました。工場の経営者は、読みきかせで労働者が啓発されていくことを恐れて禁止しようとしましたが、強い抵抗にあいました。当時、労働者は自分の給料から週二五セントを読み手に支払っていたのです。

労働環境を改善しようという時代の空気の中、毎日行われる読みきかせは、労働者の知性の向上や意識改革に貢献しました。しかし、一九三〇年代に入ると、大恐慌の影響で葉巻の売り上げは激減。また、機械化の到来で労働組合にも動揺が走りました。結局、経営者が読みきかせの廃止を通告するに至ります。廃止に反対するストライキも決行されましたが、うまくいきませんでした。結局、読みきかせはラジオにとってかわられました。

しかし、キューバでは読みきかせが続きました。キューバの小説家、ミゲル・バルネー氏は言っています。「キューバ全土で、今でも読みきかせの伝統は生きています。サンティアゴでもハバナでも工場には必ず読み手がいます。読みきかせには決まったプログラムがあって、その日の新聞の見出しが最初に読まれます。その後、読み手が少し休憩し、前日の本の続きを読み始めます。読み手は普通女性です。」もちろん、昔の工場とはちがって、照明や空調、マイクとスピーカーなどの現代的設備を備えています（アメリカの学校の教室よりもはるかに進んだ環境であることを付け加えておきます）。

残念ながら、学校の教室には退屈な空気が蔓延し、高校は工場にたとえられることもあります。長い伝統の中で知的財産を労働者に与え続けてきた「キューバ流」の読みきかせを、ぜひ学校にも取り入れるべきではないでしょうか。ところで、これほどの知的財産を与えてくれるベビーシッターがいたら、ぜひお会いしたいものです。

背景知識とはどういうことですか？

次の二つの文章を読んでみてください。どのくらい理解できるでしょうか。

1．だが、第3試合に登板後、中二日で登板したサバシアは、先頭のオースティン・ジャクソンにバットを折りながらもツーベースを献上。続く二打者を三振に取り、ミゲル・カブレラを敬遠で空いている一塁に歩かせた。

2. カリスとローズ二人で八四ランを得点したが、マーク・ウォーは八オーバーを投球する間アウトを奪えず三七ランを失った。ローズはレッフルをディープスクエアレッグのベバンにプルショットを打った時点で、マッグラーはまだ投げられ、ウォーンもまだ二オーバー投げられる状況であったが、勝つためにはいまだ一オーバーにつき七ランが必要となっている。

おそらく最初のものは簡単に意味がつかめたと思います。二〇一一年の野球の試合の記事です。二つ目の記事は、一九九九年のクリケット世界選手権の試合のものです。

クリケットのルールや用語を知らなければ、読むスピードも落ち、理解するのも難しい。読みきかせをしてもらったとしても、理解できないことには変わりはないのではないでしょうか。

背景知識をたくさん持っていれば、学校の勉強に応用することができます。美術館や動物園、歴史名所を見学したり、海外旅行をしたり、あるいは都心から遠く離れた場所でキャンプをしたりする。こういう経験によって、勉強だけでは身につかない豊かな背景知識を持つことができます。お金も時間もなくて実際にはできないとしても、本を読んで「仮想体験」をすることで、同じように背景知識が身につくのです。

実は、「落ちこぼれゼロ運動（No Child Left Behind）」によって、七一％の地域で美術、音楽、理科が削減され、読解と数学に重点がおかれるようになりました。特に、低学力の子どもが背景知識獲得の点で大きな打撃を受けたのです。

様々な実体験や本の読みきかせを通して背景知識を豊かにすることは、学力向上にしっかりとつながるのです。

幼稚園のうちに、どんな学力を身につけておくべきなのでしょうか?

子どもの脳を樽にたとえてみましょう。大人がたくさんの言葉を語りかけることで、樽の中に水を注ぐように、脳の中に言葉がたまっていきます。その水、つまり言葉が樽からあふれる時、子どもが自分で言葉を話し出します。まずは耳から言葉を注いであげるのです。一度も聞いたことのない単語を自分で話すことはできません。例えば、中国語を話す人は一億人以上いますが、私たちは中国語が話せません。中国語の単語を（特に子どもの時に）聞いたことがないからです。

次は「目」から言葉を入れる、つまり「読む」ことを考えてみましょう。

自分で一度も言ったことがないような言葉は、文字になっていても読むことはできません。

さらに、言ったこともないし読んだこともない単語を書くことなどできるはずがありません。このように考えると、最初に言葉を「耳」から入れることがどれほど大切かわかるでしょう。常にそばにいる大人が話しかけてあげることから、言葉の習得が始まるのです。いたってシンプルな話なのです。

読みきかせを通して子どもの脳に言葉の音がたまっていきます。たまった音が言葉になって、最終的に自分で読んで理解できるようになります。また、ストーリーの中から様々な背景知識も吸収していきます。その結果、「戦争」「クジラ」「蒸気機関車」など、実際には見たことがないものについても理解することができるのです。

幼稚園に上がる前の語彙習得が、その後の学習を大きく左右することになります。もちろん学校で本格的に語彙を増やしていくのですが、既に知っている語彙が多ければ、その分先生の言っていることもよく理解できます。また、低学年では教科書を読むよりも、先生の話を聞きながら学習することが多いので、語彙が豊かであれば理解力も高くなり、少なければ先生の説明もわからないということになります。

本格的な読解活動が始まった時に語彙が多ければ、より理解が進みます。語彙が少ない子どもは、理解できずにストレスがたまっていきます。学年が進むにつれ学習内容は難しくなりますので、その傾向は強くなる一方です。小学校に上がるまでに習得した語彙が、その後の学習状況に大きな影響を与えることがおわかりいただけたでしょうか。

小学校に上がった途端、どんどん語彙を増やしていく子どもがいるのはなぜですか？

カンザス大学のベティ・ハート博士と、トッド・ライズリー博士が幼児の日常生活を調査したところ、家庭での会話が語彙習得に大きな影響を与えていることがわかりました。

この研究は、『幼児期の生活体験の差（Meaningful Differences in the Everyday Experience of Young American Children）』という本になって出版されています。大学付属の学校で四歳児を調査したことから研究が始まりました。最初の調査では、四歳の時点で学力が非常に高い子どもと、逆に大きく遅れている子どもにはっきりと分かれてしまっていました。さらに、三歳の時点と九歳の時点でも同じような結果になりました。なぜ低年齢で学力差が生まれてしまうのでしょうか。

そこで、四二の家庭を社会的地位と収入で三つのグループ（生活保護受給者、一般労働者、専門的職業）に分けて調査をしました。生後七カ月の時点から二年六カ月間、月に一度の家庭訪問を実施し、毎回一時間、子どもが耳にする会話や目にする行動を記録しました。

その後、合計一三〇〇時間にわたって記録した会話を品詞別に分類し、二・三ギガバイトにものぼるデータベースを構築したところ、驚くべき結果が出たのです。社会的地位や収入とは関係なく、全ての家庭で親の会話や行動は同じだったのです。つまり、常識的な子育てのスタイルは、豊かな家庭でも貧しい家庭でも同じだということです。

しかし、データをさらに分析すると、「違い」が際立ってきました。子どもが四歳になるまでに聞く単語の数をデータから推定したところ、専門的職業につく親を持つ子どもは四五〇〇万語であるのに対し、一般労働者家庭の子どもは二六〇〇万語、生活保護受給家庭の子どもはわずか一三〇〇万語だったのです。幼稚園に通い始める日はどの子どもも同じです。しかし、その時点で三二〇〇万語の語彙の差があるのです。これだけ遅れてしまった子どもに学習内容を理解させるには、一秒に一〇語話したとして一年に九〇〇時間、先生が余分に話してあげなければなりません。無理な話です。

脳の中にたまっている語彙に差があるのですから、当然学力にも差が出ます。調査対象の子どもが三歳の時点で、専門的職業家庭の子どもは生活保護受給家庭の子どもの二倍の語彙を獲得しています（一一〇〇語／五二五語）。ＩＱに関しても、調査終了時点で一一七／七九と大きく差が出ます。

脳の中にたまった言葉の差は、愛情とは全く関係がありません。親であれば誰しもありったけの愛情を注ぎ、ベストを尽くそうと思っています。しかし、何が「ベスト」なのでしょうか。

それがわかっている親は、内容のある言葉を何度も何度も語りかけてあげるのです。二歳の子どもを二時間もテレビにくぎ付けにさせておくなどということは絶対にしないでしょう。社会学者のジョージ・ファルカシュ氏とカート・ベロン氏が、三歳から一二歳の子ども六八〇〇人について行った研究でも、貧困家庭の子どもは就学時の語彙が相当少ない（一二カ月から一四カ月遅れている）ことがわかりました。学年がすすんでもその差は埋まらないのです。

このような調査結果からは、明確なメッセージが読み取れます。子どもの学力差の原因は、家にあるおもちゃの値段ではなく、脳の中に刻まれた言葉なのです。お金では買えないものに価値があるのです。高収入も、貯蓄も、学歴も必要ありません。

さて、お金をかけず子どもの言語能力と精神の発達を高める方法が一つあります。非常に効果のある方法だと思うのですが、ほとんど知られていません。

もし、会話をしている相手が全く自分と目を合わせてくれなかったらどう感じるでしょうか。いい気持ちはしませんよね。それどころか、気分が悪くなるはず。会話も止まってしまうでしょう。これは、ベビーカーに乗っている赤ちゃんと話す時にもあてはまります。一九六〇年代のベビーカーは赤ちゃんが親の方を向くように設計されていました。今は両方ありますが、前向き、つまり親と反対の方を向いてしまうベビーカーの方が圧倒的に多いのではないでしょうか。実は、赤ちゃんがどっちを向いているかで、親子の対話の量に差が出てくるという調査結果もあります。その差は二倍にもなるそうです。また、手をつないで歩いたり、おんぶやだっこをしている時よりも、親の方を向いてベビーカーに乗っている時の方が会話の頻度が高くなるのです。もちろん、親がずっとスマホを見ていたら何をしても無駄ですけどね。

第2章　読みきかせ。いつ始めて、いつやめるか

子どもの時に学んだことは、石に刻まれる。大人になってから学んだことは、氷に刻まれる。

デビッド・ケアディアン（詩人）

「子どもが何歳の時に読みきかせを始めればいいですか。また、いつ、読みきかせを卒業すればいいのでしょうか」と親御さんからよく質問を受けます。

最初の質問に対しては、このようにお答えしています。「最初にお子さんに話しかけたのはいつですか？　六カ月になるまで待ってから話しかけましたか？」もちろん全員が「生まれた日から話しかけましたよ」と答えます。

さらに私はこう尋ねます。「何語でお子さんに話しかけましたか？　英語、日本語、イタリア語？」「そんなの決まっているじゃないですか！」と言いかけて始めて、子どもはまだ何語

も話せないことに気づくのです。

生まれたばかりの赤ちゃんを抱っこして、「かわいいね、テス。世界中で一番かわいいわよ」といった言葉をかけている時に、私たちは複雑な文法構造や音節を持った言語、それも赤ちゃんが一言もわからない「外国語」を使っているのです。「相手が一言もわからない言語で話しかけるなんてどうかしている」などとは誰も思いません。しかし、残念ながら読みきかせとなると、子どもが言葉をわかるようになるまでしてはいけないと思ってしまう方が多いのです。言葉を語りかけているのであれば、本を読んであげてもいいはずです。本だって同じ言葉なのですから。

生後六カ月くらいまでは、私たちは子どもが言葉を理解しているかなんて気にしませんよね。読みきかせも同じです。親の声に慣れさせ、本を見せてあげることに意味があるのです。ボストン子ども病院医療センターで発達心理学チームの主任教授を務めていたT・ベリー・ブラゼルトン博士は、乳児に対する親の最も大切な仕事は子どもを落ち着かせ、守られているという感覚を植えつけること、つまり、子どもが安心して周りから情報を受け取れるようにすることだと言っています。新学期を迎えた先生も同じです。まず子どもを安心させ、守られているという感覚を与えてあげることが大切なのです。

胎内教育は神話?

子どもを落ち着かせるための一番強力なツールは親の声であるということは、昔からよく知られています。では、胎児に対してはどうなのでしょうか。昔から、多くの人が胎児にも親の声が届いていると考えてきましたが、実際の研究でそのことが明らかになりました。ノースカロライナ大学の心理学者、アンソニー・デカスパー教授の研究グループが胎児への読みきかせの研究を行い、胎児が本当に聞いたことを認識しているかを調べました。

三三人の妊婦が、出産予定日までの六週間、幼児向けの本を毎日三回音読しました。本を一冊全部読むわけではなく、三つの段落を三三人に割り振りました。一人ひとりは六週間全て同じ段落を読みます。出生五二時間後に、新生児におしゃぶりをくわえさせて、イヤホンで三つの段落を読んでいる女性の声を聞かせました。おしゃぶりを吸う速度を計測したところ、新生児は母親が読んでいた段落を好む傾向があるという結果が出ました。

「聞こえてくる話への反応を分析すると、胎内での読みきかせの効果が見てとれます。このことは学習活動全般にあてはまるでしょう」と教授は言っています。出生直前の二週間半で同様の調査を行いましたが、同じような結果が出ています。子どもは、新しい話を聞いた時には心拍数が上がりますが、胎内で聞いた話を聞くと心拍数が下がるのです。

子宮の中で親しんだ音が誕生後も子どもを落ち着かせ安心させるということが、このような実験で明らかになってきました。つまり、子どもは胎内で「条件づけ」されるのです。最初の「授業」と言ってもいいでしょう。胎児ですら読みきかせから何かを吸収できるのですから、生まれた赤ちゃんが本を見て手に触れ、少しずつ言葉を覚えながら本を好きになってくれればどれほど多くのことを吸収していくか、おわかりになるでしょう。

生まれた日から読みきかせをしたらどのような効果があるでしょうか?

エリンちゃんは、一九八八年の感謝祭の日に生まれました。でもその時は、母親のリンダ・ケリー・ハセットさんと父親のジムさんがどれほど素晴らしい両親であったか、エリンちゃんは知る由もありません。私は、お母さんのリンダさんからエリンちゃんへの読みきかせ日記を見せていただき、エリンちゃんがどれほど幸運だったかよくわかりました。私自身は子育て日記はつけていませんでしたし、リンダさんは私よりもっと早い時期から読みきかせをしていましたので、私の経験よりもずっと貴重な報告になると思います。

リンダさんは、エリンちゃんが生まれるまで二二年間小学校教師をしており、熱心に生徒に読みきかせをしていました。教師として生徒たちにしていたこと、親にすすめていたことを全て、親としてエリンちゃんにもしてあげました。リンダさんがしたことを全部できる時間がある親はそうはいないとは思いますが、半分でも実現できれば、多くの子どもの未来は明るくなることでしょう。では、リンダさんからの報告をご紹介します。無理なペースではなく、少しずつエリンちゃんを本の世界に引き込んでいき、読書が日常の一こまになっていく様子に注意して読んでみてください。

エリンの人生初めての本は、ロバート・マンチの『ラヴ・ユー・フォーエバー』でした。私が読んでいる様子を夫がビデオに撮っていました。夫はその本を読んだことがなかったのですが、「ゆらーりゆらーり」と読んでいるところで、涙を流して感動していました。私は、読みきかせを聞いているエリンを見て何か感じてくれればと思い、ビデオを親戚や友人に送りました。昔の教え子にも送りました。次の世代のための「種」になればと思ったのです。

最初の四カ月は、乳児向けの仕掛け絵本でした。読むだけでなく、触ったり、口に入れたりしながら本に親しむことができます。四カ月になると、子ども向けの詩や歌にあわせてうれしそうに体を動かすようになりました。一回四五分くらい、一日に二、三回そんな時間を過ごしていました。

八カ月になって、はいはいしながら自分から楽しいことを探すようになると、落ち着いて本を読んであげる時間も少なくなっていきました。エリンは紙を破いて遊ぶのが好きだったので、周りに雑誌をたくさん置いておきました。本は丈夫なものだけ触らせるようにしました。読みきかせの時は、本に触って破れないようにベビー・チェアに座らせました。この時期には素敵な体験もたくさんありました。

読みきかせに夢中になっていたので、食事の時に苦労することもありませんでした。本を読みながら、スプーンで食事をあげていたのですが、私にとっても本当に楽しい時間でした。食事が終わると決まって「ブー！(Book)」と言いながら本棚を指さしました。その後、何年間も、朝食でも、昼食でも読みきかせを続けていました。お友だちが遊びに来た時には、おやつの時間にも本を読んであげました。教師時代に使っていたビッグ・ブック（教室での読みきかせで使用する大版の絵本）を使うこともありました。

この頃の体験は今でも忘れられません。夫が東海岸に単身赴任し、二週間に一度だけ家に戻ってきました。エリンが一〇カ月から一五カ月の間です。平日はエリンと私の二人だけで過ごしていたので、食事の時の読みきかせの時間は長くなっていきました。食事の後に二〇分から四〇分集中して聞くのは、エリンにとっては大したことではなかったようです。一九九〇年二月四日の日記にはこう書いてあります。「朝食後九冊。昼食後一〇冊と詩を四編。夕食後七冊。」この日が特別だったというわけではありません。

一〇日後の一九九〇年二月一四日の日記です。「朝食後エリンが本を読んでと言う。月末だったのでフランク・アッシュの『クマくんのひっこし』を読んだ。終わるともう一冊読んで、と。結局一時間以上、全部で二五冊も読んでしまった。まだ一歳と二カ月なのに物語に興味を持ち続けて集中して聞いている。絵を指さしたり、単語を言ってみたり、いろんな音を出している。」

面白いのは、エリンが同じ本を何度も読みたがるということです。次々と新しい本を読みたがるわけではありません。新しい本を読む時は何日もかけていました。最初の日は表紙を見て話すだけ。二日目には最初の一、二ページを読む。それから毎日数ページずつ読んでいきます。五、六日かけて一冊を読みます。このように時間をかけて本に親しんだ後に、一冊通して読みました。

ペンシルバニアに引っ越した頃、エリック・カールの『はらぺこあおむし』を読んでいました。以前にも半年間、繰り返し読んでいましたが、この時は、私が二つめの文にある「ぽん！」を読もうとした時に、エリンが「ぽん！」と言ったのです。（「ある日曜の朝、暖かい太陽が昇ってきました。すると、タマゴの中からちびっこではらぺこのあおむしさんが『ぽん！』と飛び出てきたのです。」）その時、エリンは一歳五カ月だったのですが、何度も読んでいる本の途中で、自分で言葉を言うようになりました。私は本を読んでいるだけで幸せだったのですが、エリンはそれ以上のものを学んでいたようです。

親子で本への愛情を育んでいるだけではなく、エリンちゃんの言語能力も向上していったのです。一歳九カ月の時には、しっかりした文を話すようになり、二歳になる頃には語彙も二〇〇〇語に達しました。単語カードや単語ドリルなどをしたわけではありません。父親も読みきかせをしました。本棚の一角には「パパの本」コーナーも作りました。

この後、エリンちゃんの集中力、興味関心は一気に伸びていきます。四歳の頃には、絵本だけでなく一〇〇ページほどの小説も読みきかせをしました。リンダさんは、教師時代の経験を生かして家庭教育をしようと決心しました。家庭教育と言っても、大げさなものではありません。二二年間の教師経験を通して得たものの中から、自分の子どもにできる限りのことをしてあげようと思っただけです。学校に上がるまでにたっぷりと本を読んできたエリンちゃんにとって、学校の授業はおそろしく退屈なものだったことでしょう。その後、エリンちゃんとリンダさんは地域の家庭教育サークルにも参加し、一二歳の時には、中学生対象の音楽コースと体育コースにも週五時間ほど通うようになりました。

読みきかせはずっと続けました。読みきかせで親子の絆が深まり、また、子どもは読みきかせだと自分で読むよりもレベルの高い本でも楽しめるということを、リンダさんはよくわかっていたのです。エリンちゃんが四歳から一二歳の間に読んでもらった小説のリストを私のホームページに掲載しています。(www.trelease-on-reading.com/erinlist.html)

エリンちゃんが読解力を身につけていく過程はそれ自体が一つの物語になっています。五歳の時に、自分から文字を覚えたいと言い出して、すぐに文字を覚えました。簡単なものから順に読めるようになったわけではありません。読みきかせを続けながら、リンダさんが自分で読んでみるようにすすめたところ、エリンちゃんは「そんな子ども向けの本なんて読みたくない。小説が読めるようになるまで自分で読むのは嫌だ」と言ったのです。

リンダさんは無理やり自分で読ませようとはしませんでした。リンダさんとエリンちゃんは、週に一度、四歳児から五歳時対象の幼児教室にボランティアとして参加していました。その教室でも読みきかせをしていたのですが、周りの子どももエリンちゃんが自分たちよりも本を読めるということに気づいていたので、エリンちゃんに本を読んでとせがんだのです。そこで、エリンちゃんが周りの子どもに本を読んであげることになりました。エリンちゃんは、既に自分でも字が読めるようになっていたのです。

一年生の夏休みに、一家はエリンちゃんよりも三歳年上の子どもがいる友人の家に遊びに行きました。二人の子どもは同じ時間に寝ることになっていたのですが、夜更かしのエリンちゃんはなかなか眠れません。「寝る前に本を読んでいてもいいよ」と言われたリンダちゃんは、何冊か本を借りました。次の日の朝食の時に、エリンちゃんがリンダさんに本を一冊渡して「昨日の夜これ読んだんだよ」と言いました。リンダさんは特に気に留めずに「よかったね」と言ってすませましたが、次の日にはまた別の本を持ってきたのです。リンダさんは驚いて、「少し読んでみて」とエリンちゃんに言いました。すると、エリンちゃんは一文字も間違えずに、一章を読み切ったのです。

最初に手紙をもらってから、私は何度もエリンさんと食事しながら話しました。セミナーに来てもらって、聴衆の前でインタビューしたこともあります。才能にあふれた、本当に素敵な女性です。本の虫のイメージとはかけ離れていて、水泳、ソフトボールなどスポーツや音楽も大好きです。

エリンさんがオクラホマシティー大学に入学する前日、最後の読みきかせとして選んだ本は、『トム・ソーヤの冒険』でした。四歳の時から小説を読み始めて、六九四冊目の本です。高校の時にはSATで満点をとり、成績優秀で表彰もされています。大学も首席で卒業しました。

子どもが自分で本を読みたがる時はどうすればいいですか？

最初にお話ししましたが、読みきかせのゴールは、子どもが自分で本を読みたくなることです。読みきかせと「ひとり読み」は別のものではありません。子どもが自分で本を読めるようになっても、読みきかせは続けた方がいいのです（第4章で詳しく説明します）。

年齢が上がると読みきかせを聞いてくれなくなることもありますが、それでも続けていると、ほとんどの子どもは熱心に耳を傾けるようになります。頭の回転が速い子どもは読みきかせのペースが遅すぎると言って自分で読みたがることもあります。キャシー・ブロージナちゃんは、父親のジムさんに読みきかせをしてもらっていました。ジムさんは学校司書で、学校でも毎日読みきかせをしていました。四年生になったある日、キャシーちゃんは突然「もうこれからは自分で本を読む。」と言い、それで読みきかせは突然終わってしまいました。しかし、妹のクリステンちゃんがいたので、ジムさんの読みきかせは続きました。

妹のクリステンちゃんが「四年生という学びの岐路」に差し掛かった時、ジムさんは姉のキャシーちゃんのことを思い出しました。それで、クリステンちゃんに、こう提案したのです。

「これから一〇〇日連続で読みきかせしようよ。」

一〇〇日という最初のゴールが達成されると、今度はクリステンちゃんが「連続一〇〇〇日を目指そう！」と言いました。その一〇〇〇日間に、様々なことがありました。病気になったこともありますし、ジムさんの離婚や、交通事故までありました。絵本から古典文学まであとあらゆる本を読みました。父と娘の絆は強まり、読みきかせをしていてデートに遅れることもありました。演劇のリハーサルも、卒業式の夜のパーティーも読みきかせをしていて遅れてしまいました。

しかし、何事にも終わりはやってきます。クリステンちゃんが大学に入り、寮で四年間を過ごすことになりました。大学生活最初の日、寮のロビーで最後の一章を読みました。三二一八日目の読みきかせです。

ジムさんは三八年間、学校司書を務めましたが、「読みきかせをして貴重な時間を無駄にしている」と、ある校長から言われたことがあります。あきれた校長ですね。娘に三二一八日、毎日欠かさず本を読んであげたことがどんな意味を持つのか、この校長にはわからないようです。愛情や絆、素晴らしい体験の共有。三二一八日の読みきかせで育ったクリステンさんは、ドリルも単語テストもすることなく、大学四年間の成績はたった一つのBを除いて他はオールA。全国論文コンテストにも二回優勝しています。卒業一年後には、アリス・オズマというペンネームで、父との読書体験についての本を出版しました（“The Reading Promise: My

Father and the Books We Shared" by Alice Ozma)。それでも「貴重な時間を無駄にしている」というのでしょうか。

幼稚園に上がる前に、何を教えておけばいいのでしょうか?

インスタントラーメンやインスタントコーヒーはありますが、「インスタント大人」はありません。子どもを年齢以上に成長させようとあせってしまう方もいますが、読解力テストの成績が世界一のフィンランドでは、法律で七歳になるまでは読み書きの指導を禁止しています。三二カ国の二〇万人を対象とした別の読解力調査で一〇位までに入るフィンランド以外の三カ国は、七歳まで正規の学校教育をしていません。

ベリー・ブラゼルトン博士によれば、子どもの知的発達に関心を持つことは重要ですが、読み書きを教えなければならないという強迫観念を持っていると、子どもにとってはマイナスになることが多いとのことです。NPR(ナショナル・パブリック・ラジオ)の番組でこう説明しています。「三歳半から辞書を読んでいる子どもがいました。四歳になるころには文字が読めるようになり、タイプすることもできました。しかし、その後、勉強につまずくようになるのです。一年生の時はよかったのですが、二年生になると勉強についていけなくなりました。

早いうちから無理やり勉強させられていると、後になって悪影響がでてくるのです。」

ブラゼルトン博士やデイヴィッド・エルカインド博士などの専門家は、幼児期の学習自体が悪いと言っているわけではありません。自然と自分から読み方を覚えていく方がよいと言っているのです。毎日、お父さんやお母さんのひざの上に座って、本を眺めながら、親の口から流れてくる音に耳を傾ける。自然と音と文字がつながっていくのです。前にご紹介したエリンちゃんの例を思い出してください。ストレスを全く感じることなく、読み方を覚えていくのです。

塾や幼児教室などに行かなくても、幼稚園に上がる頃には文字が読めるようになっている子どももいます。もっと注目すべきです。この五〇年間、このような子どもに対する様々な調査研究が行われてきました。ほとんどの場合、早期教育を受けたわけでもなく、市販教材を使っていたわけでもありません。自然に字が読めるようになった子どもには以下の四つの共通点があります。

1．定期的に読みきかせをしてもらっている。これが一番の共通項です。一九六六年に行われたドロレス・ダーキン教授の研究によれば、全員が読みきかせを受けていました。両親とも読書家でした。本だけでなく、パッケージのラベルや看板など、ありとあらゆる文字を読んであげています。それから四〇年後に、三五カ国の小学四年生を対象とした調査が行われましたが、読解力テストで高得点を取った子どもの家庭には、同じ傾向が見られました。

2．本だけでなく、雑誌、新聞、マンガなど、家庭の活字環境が豊かであること。ダーキン教授の研究の三〇年後に行われた全国統一テストに関する調査では、家庭の活字環境が豊かなほど、国語と算数の成績がよいと報告されています。第5章で詳しくお話しします。

3．紙と鉛筆が子どもの手の届くところにある。ダーキン教授は言っています。「書くことに興味を持った子どもは、紙に何か書きなぐったり、絵を書いたりします。ここから、文字の形を写すようになっていくのです。」

4．両親や祖父母が、言葉への興味関心を喚起し続けています。しつこい質問にも丁寧に答える。子どもが自分で本を読んだり、文字を書いたらほめる。図書館に連れていく。本を買い与える。本を紙に写した時には、よく見えるところに貼っておく。このことは、三五カ国、一五万人の四年生対象に行われた研究でも報告されています。また、序章で紹介したレオナルド・ピッツ氏のお母さんも、このケースにあてはまります。

幼稚園に上がる前に本が読めるようになった子どもに、以上の全てがあてはまるということを再度申し上げておきたいと思います。親にとっても、難しいことは何一つないと言えるのではないでしょうか。

実際に読んでいるのは親なのに、どうして子どもが読めるようになるのですか?

「聴解力は読解力向上につながる」ということです。シンプルに説明してみましょう。英語で一番よく使われる単語、the について考えてみます。講演でよく私は聴衆の方に質問します。「たった三文字の the という単語は難しい単語だと思いますか?」だいたい、三〇〇人中五人くらいの方が手をあげて、残りの方から苦笑がもれます。

私は、手をあげなかった方にこう尋ねます。「私はロシア人の留学生で、今あなたの家にホームステイしています。ロシア語には the にあたるものはありません。」実際、中国語、日本語、朝鮮語、ペルシャ語、ポーランド語、クロアチア語、ベトナム語など多くの言語には the にあたる冠詞がありません。

「さて、あなたの家にホームステイして三週間が経ちました。そこで私は『何度も何度も聞こえてくる the という単語はどういう意味なんですか?』とあなたに聞きます。」

もし留学生にこう聞かれたら、どう答えればいいのでしょうか。聴衆の方は困って苦笑するしかなくなります。こんなによく使う単語でも、意味を説明するのは難しい。しかし、幼稚園に上がる頃には誰でも the という単語を使えるようになります。

いったいどうやって the を覚えたのでしょうか。机の前に座って、ドリルを開いて、お母さんが「これは定冠詞よ。名詞の前に来る。はい、じゃあ赤ペンでこのページにある定冠詞に全部線を引いて！」と言いましたか？　そんなわけはないですよね。

これほどよく使われるのに意味が複雑な単語を、どうやって覚えたのか。耳から覚えたのです。以下の三つのことが考えられます。

1. 何度も繰り返し聞く。
2. スーパーヒーロー、つまり、両親や兄弟の言っていることをマネする。
3. 状況や文脈から覚える。the cookie, the crayons など。

読みきかせを通して、これだけでなくさらに三つのことが同時に実現します。子どもが努力する必要もありません。（1）子どもが本を「楽しいもの」と連想するようになります。（2）親と子どもが学習を共有します。（3）親が子どもの耳に言葉の音を注ぎこみます。（第1章参

照）

耳で聞いて覚えた語彙が豊かな子どもは読める語彙も多いということが、研究で明らかになっています。その結果、入学時に語彙力に差がついてしまっています。学校ではその差を小さくしていかなければならないのですが、実際にはさらに広がっていきます。

その理由は二つあります。（1）低学年では、既に知っている単語を読めるようにする学習が中心になります。学力が高い子も低い子も、教科書で新しい単語を学習することは多くありません。（2）従って、新しい単語は、親や、友だちや、先生から学んでいくことになります。学校で新しい単語を学ぶ機会は少ないのですから、語彙力の高い子どもは、家で読みきかせをしてもらったり、テレビの教育番組を見たり、内容の濃い会話をする時間も長いということになります。語彙力が低い子どもは、家でもやはり少ない語彙にしか触れていません。

また、語彙力の豊かな子どもほど、読みきかせの価値をわかっている学校に行くという傾向もあるのです。ネル・デューク教授が学力の高い郊外の学校と、学力が低い都市部の学校、それぞれ一〇校ずつについて調査したところ、郊外の学校では七校が読みきかせをしているということがわかりました。都市部ではわずか二校でした。学力の低い子どもほど、新しい語彙や長い文に触れる機会が少ないのです。学力差はどんどん広がってしまいます。もう一つの要因が「夏休みスランプ（夏休み後の学力低下）」です。

「落ちこぼれゼロ運動」の高尚なる目標を達成できるかどうかは、語彙力の差を縮めることにかかっています。最も効果的なのは、学校外での七八〇〇時間を有効に使うことです。低学力に苦しむ子どもの半分が、幼児期から親に読みきかせをしてもらったとしたらどうなるでしょうか。また、家庭での読みきかせほど効果はありませんが、学校で先生が本の読みきかせをすることも必要でしょう。子どもが簡単に読める教科書ではなく、児童文学の豊かな言葉を子どもに聞かせてあげてください。児童文学や絵本の言葉は、日常会話よりもずっと豊かな語彙が使われているのです。

何か買っておくべきものはありますか?

学校の成績をよくするために、ドリルや学習ゲームなどを買った方がいいと思う方も多いでしょう。私は数年前から、読書家の友人にこう尋ねてきました。「自分が子どもの時、本を好きになるのに役立ったものは何か。子どもに本を好きになってもらうために何をそろえておけばよいか。」ほとんどの人が、図書館カード(もちろん無料です)以外に、「三つのB」をあげました。どれも高価なものではありません。

最初のBはもちろん、Book、本です。名前を書いて自分の本だという意識を植え付ける。

図書館に返さなくてもいいし、兄弟に貸してあげてもいい。本を「持っている」、または手元に本があるということが読解力の向上と強い関係があるということは、第5章で詳しく説明します。

二つ目のBは、ブックバスケット（あるいはマガジンラック）です。よく本を読む場所に置いておきます。リビングルームや、場合によってはトイレに置いておいてもいいでしょう。バスケットに本や雑誌をたくさん入れておき、いつでも手に取れるようにしておくのです。

食卓のそばにも置いておきましょう。レストランや喫茶店には、よく本や雑誌が置いてありますよね。レストランでどんな人が本や雑誌を手に取るか観察してみてください。一人で食事をする人のほとんどが何か読みながら食事をしています。人間はそういう生き物だと私は確信しています。今では、一日に一回は一人で食事をする子どもが増えています。そういう子どもにとって、食卓は読書に最適な場所なのです。食卓に本があれば自然に手に取り、読み始めます。もちろん、食事の場にテレビがあっては何もかも台無しです（残念ながらアメリカの六〇%の家庭の食卓にはテレビが置かれています）。モロー教授が二一学級の幼稚園児に調査を行った結果（二四頁参照）、読書好きの子どもの家では、様々な場所に本や雑誌が置かれているということがわかりました。

最後のBはベッドランプです。もしお子さんのベッドにベッドランプがないのなら、今すぐ買いに行ってください。「もう大きくなったから、少しは夜更かしして本を読んでいてもいいよ。パパもママも毎日そうしてるから。ベッドランプを買ってあげたからね。寝る前に本が読みたくなったら、ランプをつけて本を読んでいいからね。読みたくない時は別に読まなくていいから。寝る時はちゃんと消すんだよ」と言ってあげてください。子どもは夜更かしが大好きで、夜更かしのためなら何でもしますからね。

子どもが何歳になったら読みきかせをやめればいいのでしょうか?

早い時期に読みきかせをやめてしまうのは、最初から読みきかせをしていないのと同じことになってしまいます。やめてしまうのは大きな間違いです。一九八三年の読解力調査（四二頁参照）では、「全学年を通して読みきかせを行うべきである」と報告されています。報告書には「マクドナルドの広報戦略を見習うべきだ」とあります。マクドナルドは半世紀以上世界中にチェーンを展開していますが、広告費を削減したことは一度もありません。毎年、前年を上回る広告費を使っています。今では一日五四〇〇万ドルにもなります。「もう十分知名度があるから、こんなに広告費を使わなくても客は来るだろう」とは決して考えていません。

読みきかせは読書のCMなのです。しかし、多くの人がマクドナルドとは逆に、毎年広告を減らそうとしてしまいます。子どもが大きくなると、学校でも家庭でも、読みきかせの回数が減ってしまっています。三〇年間にわたる大学院生対象の調査では、中学校以上ではほとんど読みきかせをしてもらっていないという結果が出ています。

「もう四年生で、成績もトップクラスの子に、なぜ読みきかせをしなければいけないのでしょうか。自分で本が読めるようになるために学校に行っているのではないのですか?」という方もいますが、これは正しくありません。

四年生のレベルの本をひとりで読めるとしたら、それはそれで素晴らしいことです。ですが、読みきかせであればもっとレベルが高いものも楽しめます。本にレベルがあるということはあまり意識はされていませんが、実際にあるのです。小学校一年生にも大変人気があるテレビ番組で話されている言葉を分析してみると、四年生レベルの語彙や文法が使われていました。

テレビの台本を自分で読もうとしたら、ほとんどの小学校一年生は理解できないでしょう。しかし、読みきかせ、つまり、俳優やタレントが台本を読んであげれば、小学一年生でも理解できるのです。読解力と聴解力が一致してくるのは、中学二年生レベルだと言われています。それまでは、読んで理解できないことも耳から聞けば理解できるのです。自分で読むよりも、複雑でまたその分面白い物語を聞いて理解することができるのです。神様が人間に与えてくれた素晴らしい能力が「聴解力」なのです。自分で読める本よりももっと面白いものを一年生でも楽しむことができます。一年生が四年生レベルの本を楽しみ、五年生が中一レベルの本を楽しむことも可能なのです（もちろん、背景知識に関しては、中学生向けの本は小五の子どもには理解できないこともあるということは考慮しなければなりません）。

耳から聞けばレベルが高いものも理解できる、つまり、子どもの年齢が上がっても読みきかせは続けた方がいいということがおわかりいただけたと思います。エリンちゃんの例を思い出してください。親と子の絆、教師と生徒の関係だけでなく、より高いレベルの語彙を耳から脳に刻みつけることによって、次第に目で読んでも理解できるようになるのです。

六歳頃から、子どもは自分で本を読めるようになります。読書の初心者です。しかし、ずっと読みきかせをしてもらってきた子どもは、聞き手としては初心者ではありません。ですから、読みきかせでは幼児向けの本ではなく、児童向けの小説も読んであげてください。

子どもが大きくなってからだと、読みきかせを始めるのは難しいでしょうか?

いつ始めても遅すぎるということはないのですが、二歳から六歳の時に始めるよりは難しくなるでしょう。

一三歳にもなれば、親の話よりも学校の先生の話を聞くようになります。親がどんなに明確な目的をもっていても、やはり家庭での読みきかせは難しくなります。思春期に入ると、社会的にも感情的にも大きな変化を経験します。体の変化や性欲の発達、また将来への不安の中で、家族から自立して自我を形成していく時期なのです。家でパパやママから読みきかせをしてもらうだけの余裕があるかどうか。しかし、この章でご紹介したクリステンちゃんの例もありますので、全く希望がないというわけではありません。

ただし、子どもがテレビに夢中になっている時や、ボーイフレンドとけんかして不機嫌になっている時に「本を読んであげようか?」などと言ってはいけません。タイミングが大切です。また、どのくらいの時間読みきかせをするかも重要でしょう。最初は短くしてみてください。子どもが興味を持ったら長くしていけばいいのです。

一二歳から一四歳、つまり思春期に入りかけた子どもには、何もすることがない時を見計らって、本の一部、一、二ページでいいので読んであげてみてください。無理やり読書に興味を持たせようとか、成績を上げようとか、親の下心を出してはいけません。私自身は、子どもが一〇代の時には自分が読んでいるものの一部を読みきかせしました。フィクションも、ノンフィクションもです。ある日の夜、私は読んでいる小説の中で息子が気に入りそうなシーンに出会いました。

次の日の朝、息子のジェイミーをつかまえて、「ジェイミー、ちょっとこの話聞いてみなよ！」と言うと、「ごめん、友だちと遊びに行くから今は無理」と言われました。

「わかってるよ。一分で終わるから、聞いてみな」と私がしつこく言うと、息子は困ったような顔しながら私の読みきかせを聞いてくれました。私の期待通り、話を気に入ってくれました。

昼過ぎに友だちを連れてきて「もう一回読んでよ」と言うのです。

第3章　読みきかせのステップ

自分で本を好きになる子どもはほとんどいない。本という素晴らしい世界に、誰かが引き込まなければならない。道を示してやらなければならないのだ。

オーヴィル・プレスコット
『父親の読みきかせ』

四カ月までは、何を読んであげてもかまいません。子どもが言葉のリズムや親の声に慣れ、読みきかせが安らかに気持ちを落ち着かせる時間になります。マザー・グースはもちろんこの時期にうってつけですが、うちの近所の人はキプリングの文学作品を娘に読んでいました。その子は後にプリンストンとハーバードに進学するのですが、別にキプリングを読んであげたからというわけではありません。お母さんが毎日読みきかせをしてあげたということが重要なのです。

脳科学の分野で、乳幼児期の学習についての様々な議論があります。学会や一般雑誌、専門誌までいろんなメディアで様々な論が展開されていますが、今のところ結論は出ていないようです。三歳で学びのドアが閉じられてしまうのでしょうか。あるいは、第二、第三、第四のドアも存在するのでしょうか。

私の考えはこうです。三歳までの学習環境が豊かであれば、その後の学習は楽になるのは確かですが、よい環境を用意すれば三歳以降でも理想の学習を進めることができる（もちろん、精神的あるいは肉体的に脳に障害を与えるようなことがなければの話ですが）。乳幼児期の学習に関して興味がある方は、アリソン・ゴプニック、アンドルー・N・メルツォフ、パトリシア・K・カール共著の『0歳児の「脳力」はここまで伸びる』という本をお読みください。

ハーバード大学のジャック・ションコフ教授は発達心理学の権威ですが、複雑な学説を親や教師にもわかりやすく説明してくれます。インターネットで研究成果を見ることができます。脳科学研究の成果も踏まえて、乳幼児期の教育は勉強というよりも、遊びや探索活動を通して感情の発達を促すこと、つまり一言で言えば「子どもの人格を育てる」ことに他ならないと主張しています。

ハーバード大学小児発達センターは、教授が監修したビデオをオンラインで公開しています。

二分から七分の短いものです。センターがおもに伝えたいことは、栄養不足や心の傷といったトラウマを乳幼児期に受けると、脳に構造的な欠陥を生じるということです。〇～三歳児がこのような欠陥を生じた場合、後になって特別な教育や治療を施しても治ることはないそうです。乳幼児期にしっかりとしたケアをすることで、このような障害は防ぐことができます。

また、生後八カ月という早い時期に、言語音や単語のパターンの記憶が始まるということも調査から明らかになっています。幼児期からたくさん言葉を聞いた子どもほど、言語能力も高くなるのです。

念のために言っておきますが、私は、早期教育で天才児を育てるという話をしているわけではありません。既に子どもが持っている能力を最大限引き出して、親子の強い絆をつくり、子どもと本の間に夢の架け橋を作ってあげようということです。子どもが近い将来その橋を渡って、読書の素晴らしい世界に足を踏み入れるために。

赤ちゃんには、どんな本がよいのでしょうか？

最初の一年で読む本は、子どもの視覚と聴覚を刺激するもの、つまり、絵がきれいで言葉の音が面白いものがよいでしょう。子どもの集中を維持することができます。マザー・グースが素晴らしいのは、韻を踏んだ文章が、子どもが最初に聞く音、つまり、お母さんの心臓の音のリズムに似ているからです。

わらべ歌や子守唄も、韻やリズムがきれいなものがほとんどです。専門家によれば、子どもが言葉の韻やリズムを楽しむのは、大人がストライプや格子の模様、音楽のハーモニーを楽しむのと同じだとのこと。つまり、混沌とした世界をきれいに整理するようなものに快感を覚えるのです。マザー・グースの物語にひきつけられるのではありません。一つ一つの単語がきれいな音のリズムになって、ゆりかごでゆらゆらと揺れている赤ちゃんの耳に心地よく響くのです。

またこの時期には、読みきかせの時に親子のスキンシップをはかることも大切です。子どもより本を大事にしているという間違ったメッセージを送ってしまっては台無しです。背中をさすったり、抱っこしたりして、読みきかせの時にできるだけスキンシップをとってください。そうすれば、普段の会話と同様、子どもは親に大切にされていることがわかるのです。

赤ちゃんや小さい子どもは、読みきかせをじっと聞いているのですか?

最近は早期教育に関心が集まり、読みきかせの時親子がどのように反応するかという研究も行われています。本に対する興味や反応は一人ひとりの子どもによって違うというのは、読みきかせをしている親はすぐにわかりますが、まだ読みきかせをしたことがない親にとっては、子どもが本に興味を持っていないのではという不安もあることでしょう。そこで、典型的な子どもの行動の例をお示ししておきます。頭に入れておけば子どもが集中していないように見えても、心配することはありません。

・四カ月くらいの赤ちゃんはまだ動き回ることができませんので、じっと本を見て聞いています。親にとっては素直な観客です。「これは楽だ」と思うかもしれません。

・子どもを両腕で囲むようにしながら本を読むと、子どもが安心しますし絆も生まれます。ただ、あまり強くしてはいけません。また、絵本を読む時は本がよく見えるようにしてあげてください。

・六カ月くらいになると、話を聞くよりも、本をつかんだり口に入れたがるようになります（それでもしっかりと聞いています）。おもちゃを持たせたりして、気を紛らわせてあげてください。

・八カ月くらいになると、自分でページをめくりたがります。自由にやらせてあげてください。ただし、本を読むのをやめてしまってはいけません。

・一歳になると、話に合わせてページをめくるようになります。絵を指さすようにもなります。動物の鳴き声や、擬音をマネしたりもします。

・一歳と数カ月になり歩き始めるころには、あらゆるものに関心をもって動き回るようになります。じっとお話を聞くことがストレスにならないよう、読みきかせのタイミングを見計らってください。

どの研究結果を見ても、幼児の集中力が続くのは平均して三分ほどです。しかし、毎日読みきかせをしていれば、一日に合計で二〇分くらいは集中するようになります（連続三〇分読みきかせを聞いている一歳児もいますが、これは例外的でしょう）。

この時期の親の経験が　子どもが大きくなった時に役立ちます。時間を強制しない、絵や文字を指さす、声の調子を変えるなどの「テクニック」が自然と身につきます。集中力は一日やそこらではつかない、時間をかけてたくさんの本を少しずつ読んであげることで徐々に集中力が持続するようになるということも実感できます。

子どもが、本の中の絵やあなたの声に反応するようになったら、本を読むだけでなく、本について子どもと話をするようにしてみましょう。読みきかせは、お話を聞くだけではないのです。できる限り子どもと対話しながら、子どもが本に関心を持つようにしてあげてください。

本を読みながら、何か聞いてみたり、読んでいて自分自身が感じたことを伝えたりしてみてください。会話と同じく、読みきかせもキャッチボールなのです。ただ本を読んでいるだけでは、ダーツになってしまいます。次にご紹介するのは、一歳八カ月の子どもにお母さんが読みきかせをしているところです。読んでいる本は、ロバート・マックロスキー作『サリーのこけももつみ（"Blueberries for Sal" by Robert McCloskey）』です。傍線部が本の原文ですが、読んでいるだけでなくいろいろな工夫をしています。

母：おかあさんぐまは、ポルン！　なんておとをたてるのは、いったいなんだろうとおもってふりむいてみました。すると、そこにいたのは、サリーでした！
子：サイー。
母：うん、サリーがいたんだよ。おかさんぐまは、こぐまがいると思っていたので、サリーを見てとっても驚きました。おかあさんぐまの顔を見てごらん。ちょっとびっくりしている顔だよね。
子：うん。
母：そうだね。「ぐふっ！」おかあさんぐまはうなりました。「これはわたしのこどもじゃない！」こぐまはどこにいるのかな。おかあさんぐまは、走ってこぐまを探しました。こぐまさんはどこにいると思う？
子：わぁんなぁ。
母：わからない？　じゃあ、次のページを読んでみようね。自分でめくってみて。きっとこぐまさんが出てくるよ。

シンプルなやりとりですが、言葉以外にも大切なことがいくつも行われています。

1．親子が一緒に本を楽しんでいます。ビデオとは違って、ゆっくりと子どものペースに合わせて物語が進んでいきます。また、絵も動きませんので、子どもがいろんなことを発見しています。
2．お母さんは本の原文だけでなく、自分の言葉も使っています。原文にどの程度忠実に読むかは、子どもの年齢と集中力によって変わってきます。
3．読みきかせだけでなく、対話をしています。うまく質問を織り交ぜて、子どもが答えられるようにしているのです。
4．子どもが答えると、必ずその答えを確認しています。（「そうだね。」）また、正しい言い方をそれとなく教えています。（「わぁんなぁ。」→「わからない？」）

幼児期にはどんな本がよいのでしょうか?

幼児期の親の役割は、子どもを温かく見守りながら、本の世界に迎えてあげることです。子どもは成長するにつれて、身の回りのあらゆる物に興味を持ち始めます。穴ぼこ、車、雪、鳥、星、トラック、犬、雨、飛行機、ネコ、台風、赤ちゃん、お父さん、お母さん。どんなものでも、子どもにとっては魅力的なのです。身の回りにあるものに名前をつけていく時期だと言われています。

この時期には絵本が力を発揮します。本の中の絵を指さして、ものの名前を言ってあげてください。子どもがマネをしたらほめてあげましょう。正しく言えなくてもほめるようにしてください。絵辞典のような本がよいでしょう。

自分が撮った写真を本にしてもいいでしょう。デジカメとパソコンを使えば簡単に作れます。子どもの一日の様子や、周りのいろんなものを写真に撮って、簡単な文字を入れます。プリンターで印刷して、クリアブックに入れておけば、とっておきの「ピクチャーブック(絵本)」ができあがります。

なぜ子どもは同じ本を何度も読みたがるのでしょうか？　また、何度も質問をする時にはどうすればよいでしょうか？

たくさんの人の名前を一晩で覚えられないのと同じで、子どもは繰り返し読むことで言葉を覚えていきます。確かに、大人にとっては同じ本を何度も読むのは退屈でしょうが、子どもは違います。二歳になるまでは、たくさんの本を読むよりも、限られた数冊を何度も読んだ方がいいでしょう。

同じ映画を二回見ると、初めて見た時にどれほど多くのことを見落としていたかがわかります。子どもが本を読む時も同じです。大人が読むペースで複雑な言葉を耳にしているのですから、わからないところや記憶に残らない部分もたくさんあるはずです。何度も読めば、少しずつたくさんのことを吸収できます。子どもの時に読んだ本で、とんでもない勘違いをしていたことにずっと後になってから気づくということがありませんか？

本を読んでいる時、子どもは実にいろんな質問を投げかけてきます。「子どもが質問して本が全然進まない。」こんな悩みを持っている人も多いでしょう。まず、子どもがどんな質問をしているかを考えてください。意味のない質問なのか、あるいは、本当に好奇心が芽生えているのか。知りたいから質問しているのか、早く寝たくないから質問をして時間を引き延ばしているだけなのか。後者であれば、本を読んだ後に物語について少し話をして、それから、「おやすみ」と、電気を消してあげてください。

好奇心から質問しているようであれば、即座に答えてください。「背景知識」を与えることで、物語をより理解できます。話と全く関係のない質問には「いい質問だね。読み終わったら教えてあげるね」と言って先に進みましょう。ただし、約束を守って後から必ず答えてあげてください。質問は子どもが学ぶ最大の武器なのです。質問を無視して好奇心をつぶしてしまっては元も子もありません。

同じ本を繰り返し読むことは大人にとっては退屈かもしれませんが、子どもにとっては大切な学びの機会です。何度も何度も聞くことで言葉を覚えていきます。イマージョンということが最近よく言われますが、繰り返し聞くことは、まさにイマージョン（immersion「（液体に）浸すこと」）なのです。

また、本の読みきかせを実際の経験と結びつけることも大切です。前に「背景知識」についてお話しましたが（五三頁）、現実の日常生活が背景知識となるのです。本の中の言葉は入口に過ぎません。本をきっかけとして様々なことを学んでいくのです。例えば、ドン・フリーマンの『くまのコールテンくん（“Corduroy” by Don Freeman）』は、小さい女の子とデパートで売られているクマのぬいぐるみの話です。心温まる物語なのですが、「コールテン（コーデュロイ)」についての話をしてあげることで、デニムやウール、コットンといった生地について学びを広げることができます。逆に、現実世界を本につなげることもできます。外であおむしを見かけたら、家に帰って『はらぺこあおむし』を読んであげるのです。

子どもが知らない単語があったらどうすればいいのでしょうか?

読む本を全て学習につなげる必要はありませんが、学習効果を高める読み方は確かに存在します。ワーウィック・エリー教授は、小学一年生の六学級を対象に読みきかせの方法に関する研究を行いました。学習すべき単語を前もって先生に示し、子どもはその単語を含んだ事前テストを受けます。

Aグループでは、子どもが知らない単語を先生が説明しながら読みきかせをします。説明は同義語を使ったり、本の中の絵を指さしたりするといった簡単なものです。これが「説明グループ」です。七日間で三回、同じ話を読みきかせします。

Bグループも同じ期間で三回読みきかせをしますが、説明は一切しません(説明なしグループ)。また、正確性を期すため、全く読みきかせをしないコントロール・グループもつくります。事前テストと事後テスト、さらに三カ月後に行うテストを分析した結果、説明つきグループが三九・九％の語彙増強を達成しました。説明なしグループは一四・八％、コントロール・グループは二％でした。説明グループでは、事前テストのスコアが低かった子どもも、スコアが高かった子どもと同程度の伸びを示しました。

また、本の種類による学習効果の違いについては、興味・関心があるものほど学習効果が高いと言われています。特に「目新しさ、ユーモア、争い、サスペンス」といった要素が関係しているようです。結局、面白ければ面白いほど子どもが集中し、その結果、学習効果も上がるということです。

絵本から自然と小説につながっていくのでしょうか？

本を読んでいると、自然と「次にどうなるか」知りたくなります。ですから、読みきかせを通して集中力が持続するようになるのです。読書の持続力はすぐに身につくものではありません。ジョギングも短い距離から始めて徐々に距離を伸ばしていきますよね。それと同じです。すぐに読み終わる短い絵本から始めて、徐々に数日かけて読むような長い本にしていきます。その後、短い小説に移ります（最初は、短い章に分かれているものがいいでしょう）。最終的には一〇〇ページを超える長編小説も読めるようになります。

子ども集中力を測るには、読んでいる本の一ページあたりの語数を見るといいでしょう。私は、孫のタイラーが二歳の時一ページに数文しかない絵本を読んでいましたが、三歳半の時点では文字の量は三倍になっていました。様々な本を読みながら、徐々に長い本に移行するのがいいと思います。言葉の海におぼれさせてしまってはいけませんが、少しずつ無意識のうちに、絵から離れて言葉を理解するように仕向けていくのです。

例えば、一度も読みきかせをしてもらったことのない小学一年生のクラスだったら、まずは短くてリズムのよい絵本を繰り返し読むことから始めます。次に一週間ほど、もう少し長い絵本を読みます。一冊を一日の何回かに分けて読みます。次の週は「赤ずきんウィーク」にします。短いものから順に、いろいろなバージョンで読みます。それから、毎週著者を一人決めてその著者の本を集中して読みます。少しずつ詩も入れていきます。次に、シリーズものの絵本を読んでいきます。シリーズものでは、一冊の本が小説の一章のような役割を果たします。小説への橋渡しになるのです。

このように色々な絵本を読んで子どもの集中力が持続するようになったら、一気にチャプター・ブック、つまり、六〇～一〇〇ページといった、長めの絵本、あるいは、短めの小説に移行することができます。一日で読み切る必要はありません。適当なところで一日で読み切る「章」にすればよいのです。

チャプター・ブック（子ども向け小説）は何歳から始めればいいでしょうか？

「聞く」ことと「読む」ことの違いについては八二頁でご説明しました。読みきかせで「聞く」と、自分で読むよりも数段レベルの高い本が楽しめるのです。一つ、目から鱗が落ちるような例をご紹介します。

二〇年ほど前、ジャージー・ショアでセミナーを開催しました。昼食の時、メリッサ・オランズ・アンティノフさんという先生が声をかけてくれました。「私の幼稚園クラスの子どもたちはすごいんですよ。」アンティノフ先生は、一年で絵本を一〇〇冊読みきかせをするだけでなく、チャプター・ブックも一〇冊以上読んでいるとのこと。その学校は、六〇％の子どもが給食費免除という状況、つまり貧困家庭の子どもが多く、また、アンティノフ先生もまだ先生になって四年目の若手教師でした。再度お断りしておきますが、幼稚園の子どもです。読みきかせであれば、幼稚園児もチャプター・ブックが楽しめるのです。

昼食後、再開されたセミナーで幼稚園の先生が何人参加しているか聞いてみました。八人の先生が手をあげました。しかし、チャプター・ブックの読みきかせをしているのはアンティノフ先生だけでした。四～五分で終わってしまう絵本しか読んでもらっていない子どもと、一年で絵本を一〇〇冊、さらに、一〇冊ものチャプター・ブックを読んでもらった子どもでは、どちらが小学校に入ってから学力が伸びるでしょうか。集中力や語彙力、また思考力はどちらが高くなるでしょうか。

貧困家庭の子どもは、ただでさえ教育環境も貧しく学力が低い場合が多い。そんな子どもたちにこそたくさんの本を読みきかせしてあげなければならないのに、現実には逆の状況になってしまっています。ネル・デューク教授は、小学一年生の子どもがいる貧困層と富裕層の一〇家庭を調査しました。富裕層の子どもは一〇人中八人がチャプター・ブックを読みきかせしてもらっていましたが、貧困層では二人しかいませんでした。

数年後、アンティノフ先生は別の街の学校で四年生を教えており、読みきかせも続けていました。その学校でこんなことがあったと教えてくれました。

ボビーは四年生になった時、本が大嫌いでした。読みきかせでもじっと座っていられませんでした。周りの子にちょっかいを出したり、自分の机に戻りたがったりしました。その年、最初に読んだのは、ルイス・サッカーの『トイレまちがえちゃった!（"There's a Boy in the Girls' Buthroom" by Louis Sachar）』でした。九月の末には、ボビーは静かに座って読みきかせを聞くようになりました。一番前に座って聞いていたのです。一一月になると、休み時間に続きを読んでほしいと私に頼むようになりました。

本当に驚きました。最初は読解力が一番低くて（こういう言い方は好きではありませんが、他に言葉が見当たりません）、読んだものに対して質問してもほとんど答えられなかった子どもが、本を読んでくれと頼みに来るようになったのです。私はこの年には教科書はほとんど使わず、小説をたくさん読みました。一〇月になると、国語の授業でもボビーは誰よりも早く手をあげて質問に答えるようになりました。実際、成績も中位のグループに入りました。一番嬉しかったのは、ボビーが自分で本を読むようになったことです。暇さえあれば本を手に取るようになったのです（授業中、課題が終わった生徒は本を読んでいいことにしています）。

三者面談の頃、ボビーはなんと三冊の本を同時に読んでいました。三冊ですよ！　なぜ一冊ずつ読まないのか聞いてみると、全部大好きだから一冊に決められないとのこと。授業でも、課題が終わって本を読みだすと夢中になってしまうので、授業を進める時にはわざわざボビーに声をかけなければいけませんでした。それくらい本の世界に入ってしまうようになったのです。

三者面談では、本の話ばかりしました。ボビーは夢中になって、今読んでいる本の話をしてくれました。お母さんも驚いていました。最初はあんなに本が嫌いだったのに、どうしてこんなに好きになったか聞いてみたところ、ボビーはこう答えてくれました。
「最初は本当につまんなかった。特に読みきかせが。だから聞いてるふりをしてた。だけど先生はすごく面白そうに読んでくれた。『トイレまちがえちゃった』のブラッドリーがすごく気に入った。自分で読んでも面白いかなと思って、ブラッドリーの本を読んでみたら、やっぱり面白かった。だから、他の本も読むようになったんだ。」

アンティノフ先生は、二人のお子さんが小学校に行くまで教職から離れていますが、家庭でも学校でも、読みきかせの効果は大きいと言っています。息子さんは、五歳半で既に自分で本を読んでいます。それまで数百冊の絵本や児童向け小説をたくさん読みきかせしてもらったおかげです。

何歳で絵本を卒業すればいいですか？

絵があろうがなかろうが、よい物語はよい物語です。また、美術館の絵には言葉はありませんが、絵自体に感動します。

高校二年生に、年に二度ほど絵本を読む先生を知っています。学年の始めに絵本を読むと、多くの生徒がもう一度読んでほしいというので、学年末にもう一度読むそうです。私は、どの学年でも読みきかせのリストに絵本を入れるべきだと考えています。

多くの高校生は、小中学校で読みきかせを受けていませんし、趣味で読書をする生徒も少ない。カリフォルニアの高校で補習授業をしたことがあるのですが、生徒二一名中、「ハーメルンの笛吹き」や「ライト兄弟」の話を知っている生徒は一人もいませんでした。一般教養があまりにも欠けています。種を蒔いてあげなければいけないと痛感しました。

高校生は絵本に見向きもしないのではないかと思う方も多いでしょうが、物語がよければ必ず興味を示します。絵本に「卒業」はありません。

どんな本が読みきかせに向いていますか?

一番大切なのがプロット、つまり物語の構成や展開です。物語自体が鳥の羽ばたきだとすれば、プロットは鳥が飛ぶのを助ける風のようなものです。読んでいてハラハラしてしまうような出来事があるか、次にどうなるかと早く先を読みたくなるか、話が展開するまでどのくらい時間がかかるか、読み終わった時に「もっと読みたい」と思うかどうか。例えば、ある春の朝に湖のほとりで見つけた蝶についてページ全体を使って描写しているような本は、詩としてはいいかもしれませんが、読みきかせで聞き手を惹きつけることはできないでしょう。蝶がモンスターに変身するというのであれば話は別ですが。

もう一つ大事な点が、よい本は読んだ後何日も物語が記憶に残っているということです。映画や歌でもそうですが、読んですぐ忘れてしまう本もたくさんあります。本当によい本は何年か後になっても味わうことができるものです。場合によっては、どこでその本に出会ったかもはっきりと覚えていることでしょう。なぜかはわかりませんが、とにかくずっと記憶に残るのです。

プロットが大切だとお話ししましたが、ノンフィクションに関してはどうでしょうか。一般的にいってノンフィクションは読みきかせには向いていないと言えるでしょう。ただし、子どもが興味をもっているテーマ（例えば歴史や、有名なスポーツ選手の本など）であれば大丈夫です。また、ノンフィクションの絵本、特に伝記ものの中には、プロットがよいものもあります。読んでいて楽しいだけでなく、勉強にもなります。教科書のようなつまらない読み物ではありません。

乳幼児の場合は、プロットは関係ありません。八九頁でお話ししたように音が重要です。リズムや韻、繰り返し、音を使った言葉遊びが入ったものが望ましいでしょう。絵に関しても、鮮やかで派手な色どりのものがいいでしょう。

二歳から三歳半になると、少しずつプロットが意味を持ち始めます。ただし、複雑なものであってはいけません。子犬がいなくなった、ちょっといたずらをしたらとんでもないことになった、といった程度ものです。『サムならきっとできるから』（"You Can Do It, Sam" by Amy Hest, Anita Jeram）は、言葉の音遊びもふんだんに盛り込まれていますし、乳幼児向けの本よりは物語の展開もあります。『ピーターのくちぶえ』（"Wistle for Willie" by Ezra Jack Keats）の、男の子が口笛を吹けるようになっていく物語は、小さな子どもにも十分楽しめます。実際に口笛を吹いて見せてあげてもいいですね。子どもが成長するにつれ、プロットは関心をひく磁石の役割を果たすようになってきます。

八歳～九歳になる頃には、物語が現実味を帯びるようになってきます。プロットの中心が人間関係の変化、心理の変化などが中心となり、より深刻な物語が展開されるようになります。ヤングアダルト向きの小説では、離婚、性的関係、幼児虐待、死、薬物乱用、暴力といった深刻なテーマも扱われています。こういったテーマは決して新しいものではありません。ディケンズの作品には全てが入っています。

深刻なテーマを扱った本を選ぶ際には、子どもの精神的発達度を考慮しなければいけません。一三歳向けの物語を九歳の子どもは消化しきれないでしょう。ただ、読みきかせを通して深刻な話題を子どもと共有することには大きな意味があります。子どもが現実に難しい問題に直面した時の練習として、大人がガイドになることができるからです。

さらに子どもが大きくなるにつれて、声に出して読むのに適した物語を選ぶように配慮しなければいけません。例えば性的関係がテーマになっている本を声に出して読む、また聞くのはいかがなものでしょうか。学校でクラス全員に読みきかせをする場合には特に注意が必要でしょう。

本の選択を間違った時には、途中でやめたり飛ばしたりしてもいいのでしょうか?

一度読み始めた本は最後まで読まなければいけないと思い込んでいる方も多いでしょう。私は、最初の数章を読んでつまらなければやめればいいと思っています(読みきかせをする前に、自分で最初の二、三章を読んで判断するのがいいと思います)。

アメリカの多くの都市や町に「ワン・シティ、ワン・ブック」運動を広めた、ワシントンブックセンターの前所長、ナンシー・パール氏は、著書の中で「五〇ページルール」を提案しています。五〇歳以下の人は、「五〇ページ読んで面白くなければやめる」。五〇歳以上の人は、一〇〇から自分の年齢を引いた分のページになります。これは子どもの読書にもあてはまります。つまらない本から受ける精神的苦痛には限界があるのです。

詳しい描写が長く続く場面に関して、チャールズ・ディケンズはこう言っています。「読みきかせをする時には、省略をしてもよい。」私も賛成です。実際、作家が自分の作品を聴衆に読んで聞かせる際は、長い描写が続く箇所を省略した縮約版を読むことが多いのです。私は、読みきかせをする前に自分で読んで、省略する箇所を余白にメモしておきます。

読みきかせで学力が伸びたかをテストで確認する必要はないのでしょうか？

力がついたかテストする必要はあるでしょう。よいテストの方法があります。子どもにテストを受けさせるわけではありません。「時間」を使ってテストをするのです。あらゆることが「時間のテスト」で確認できます。今から一〇年後、二〇年後、三〇年後に習ったことを覚えているかどうか、そういうテストです。

オハイオ州ヒルズボロのキンバリー・ダグラスさんは、一九八九年、教職二年目にこの本の初版を読み、クラスで読みきかせを始めました。キンバリーさんからいただいたメールをご紹介します。

私は現在、初任者教員の研修を担当しています。生徒との人間関係を構築することをテーマとした次回の研修に向けて、昔の教え子七一人にフェイスブックでメッセージを送り、六年生の授業で記憶に残っていることを教えてもらいました。分数の割り算や化学記号といったものではなく、本当に覚えていることは何か知りたかったのです。回答を見て驚きました。ほとんどの教え子が、教室で一緒に読んだ本を覚えていたのです。どんな本を読んで、どんな話をしたか、また、今自分の子どもに同じ本を読んでいるといった話になりました。教え子たちは、現在、二六歳から三七歳になります。それでも小六で読んだ本を覚えていてくれたのです。自分の子どもの先生にも読みきかせをしてほしいと言う教え子もいました。

キンバリーさんも子どもたちも、見事にテストに「合格」したと思います。キンバリーさんが読みきかせで蒔いた種が、教え子たちが親になった今、立派な果実となったのです。

次にご紹介するのは、アリゾナ州ヒグリーのナンシー・フートさんです。数学理科教育で大統領賞を受賞し、全教師の三%しかいない優良教員に認定されています。読みきかせが勉強嫌いの中学生にどれほどの影響を与えるか教えてくれます。

私は二〇年ほど教師をやっていました。数年間、いわゆる「教育困難校」に勤めました。

生徒の多くは犯罪歴があり、保護観察下にありました。学校以外は外出を禁じられている生徒もいました。ドラッグ中毒と戦っている生徒もたくさんいました。素晴らしい子どもたちでしたが、私たちが想像もつかないような大きな問題を抱えていたのです。

授業の遅刻はひどいものでした。校舎はそれほど大きくないので、休み時間中に移動できないということはありません（訳注　アメリカの学校では、先生ではなく生徒が授業毎に教室を移動する）。それでも毎日多くの生徒が授業に遅刻します。一、二分の遅刻もあれば、さらに大幅に遅刻することもあります。なんとか授業に遅刻する生徒を減らしたいと思っていました。その時、ワークショップでお話しされていた『合言葉はフリンドル！』（"Frindle" by Andren Clements）を思い出したのです。勉強嫌いの生徒たちが気に入ってくれるか不安でしたが、読みきかせをしてみようと決意しました。

チャイムがなるちょうど三分前に読みきかせを始めました。チャイムが鳴っても読み続け、毎日一章読みました。誰もいない教室でひとりで声を出して本を読むのは少し恥ずかしかったのですが、私自身、物語と主人公のニックが大好きでしたので、とにかく読んでみました。二、三日するとニックがどうなったか知りたいと、チャイムが鳴る前から教室に生徒が来るようになりました。一週間後には遅刻する生徒は誰もいなくなりました。『フリンドル』を読み終えてからも、読みきかせを続けました。

読みきかせを始めてから、遅刻がなくなっただけでなく出席状況も改善しました。学校を休んだ生徒は、聞き損なった話の内容を他の生徒から聞いていました。本を借りて自分で読むようになった生徒もいますが、ほとんどの生徒は、昼休みに私のところにきて読みきかせを聞くようになりました（小さい子どもではありません。一三歳から一九歳の生徒です）。次にどうなるか聞きたくて仕方がなかったのです。一冊終わると、次の本が何かと楽しみにしていました。

学年の終わり頃、いかにも「不良」といった大柄な生徒が私に会いに来ました。一九歳でドラッグ中毒と戦っていました。小さな子どもがひとりいますが、母親はドラッグのために育児を放棄してしまったので、自分ひとりで育てていました。本当に苦しい状況で生活していたのですが、学校には毎日登校し、ドラッグも絶つことができました。その彼が、読みきかせが本当に楽しかったと言ってくれたのです。それまで読みきかせをしてもらったことは一度もなかった、と。自分の子どもにも読みきかせをすると約束してくれました。

読みきかせで蒔いた種が実を結ぶまでには時間がかかります。しかし、辛抱強く待っていれば必ずいいことがあります。次にご紹介するシンディー・ラベルさんも、読みきかせで人生が変わったと言っています。

四年生の時の先生は、本の一章だけを読みきかせして、質問したり、背景について説明した後にこう言っていました。「今読んだのはたった一章だけ。続きが読みたい人は貸してあげるから。」そうやって、たくさんの本を紹介してくれました。その中で私はトム・ソーヤーに出会ったのです。中学になってはじめて、マーク・トウェインが有名な作家で、他にも名作がたくさんあることを知りました。図書館に行ってマーク・トウェインの本を探すと、司書の人が短編集をくれました。「処分する本だから、持って行っていいよ」と言われたのです。私はずっと先生になりたかったのですが、高校に入ると学校がつまらなくなり、退学してしまいました（『トム・ソーヤー』やハックと同じです）。就職して結婚し、子どもが二人生まれた後も、暇さえあれば読書をしていました。三五歳の時に突然思い立ち、大学に通い始め、二年九カ月かけて卒業し教職資格も取得しました。念願の教師の職にもつくことができました。生徒たちには、高校を中退した人でも大学は卒業できると話しています。私が他の多くの人と全く違う道を歩みながら大学を卒業できたのは、読書が大好きだったからだと思っています。

ラベルさんは、現在、ミズーリ州ハンニバルにあるマーク・トウェイン博物館の館長をしています。

第4章　自由読書　読みきかせの大切なパートナー

物語は、読まれなければ、紙の上の単なる黒い記号である。

アーシュラ・K・ル＝グイン

読みきかせの一番の目的は、子どもがひとりで本を読む、それも楽しんで読むようになることです。ひとりで本を黙読することを「持続的黙読（Silent Sustained Readng, SSR）」と言います。本や新聞、雑誌を読んで楽しむ。問題を解いたり、テストされたり、感想文を書いたりする必要はありません。楽しいから読むだけです。

この章では、学校での「持続的黙読」、つまり「自由読書」時間と、関連する問題について考えてみたいと思います。

私たち大人は読書が日常の一部となっているので、本を読むということがどういうことか、あえて考えることもありません。しかし子どもはまだ読書がどういうものかわかっていないのです。イリノイ州クレアドン・ヒルズのリー・サリバン・ヒルさんがこんな話をしてくれました。

リーさんが本を読んでいると、小さい息子さんが寄ってきて「何しているの?」と聞きました。リーさんは「本を読んでいるんだよ」と答えたのですが、息子さんは「じゃあなんで黙っているの?」と聞き返したそうです。

そこでリーさんは、本を人に読んであげる時と、自分ひとりで読むことの違いを説明しました。息子さんは説明を聞いて「じゃあパパもそうやって本を読んでいたんだ!」と叫んだのです。パパが本を「黙読している」ということをこの時初めて知ったのです。子どもは、説明してもらえなければ黙って本を読むということは想像もできないのです。

残念ながら、読書がどういうことかわかっていない先生もいるようです。ある中学校の先生が、週一時間「自由読書」の時間を設けたところ、校長は次のように言ったそうです。「課題図書を生徒に読ませることはいいが、授業時間外でやった方がいい。自由に読書する時間をつくるくらいなら、その分授業を進めた方がいい。学力をしっかり伸ばすための授業でなければいけない。」

私だったら、この校長に次のように答えるでしょう。

1. 他の指導法と同じく、「自由読書」で学力が伸びることは、研究結果からも明らかです。
2. 国語の授業で文学作品を勉強する時に、生徒が本を読んでいなければ授業になりません。授業をより効果的にするためにも本を読ませなければならないのです。
3. 学校外で本を読まない生徒は、読書嫌いであるか、家庭に読書環境がない生徒です。教室で本を読む時間をつくることが最大の「治療法」になります。
4. 思春期になると、情緒が不安定になり、人間関係も急激に変化します。そのため、趣味で読書する時間が自然と減っていきます。学校で読書時間を確保すべきです。
5. 自由読書の時間は、他人が読書に没頭している様子を見ることができる唯一の場所です。また、大人、つまり先生が、仕事のためではなく趣味で読書をするのを見るのも、この時間だけです。自由読書の教室には、読書のロール・モデルがあふれているのです。

ちなみに、一九九〇年代の初め、当時日本の中学で社会を教えていた林公（はやし・ひろし）先生が、この本の初版の翻訳（『読み聞かせ――この素晴らしい世界』亀井よし子訳　高文研）を読み、早速自分の学校で「自由読書時間」を取り入れました（普通のアメリカ人は日本の中学生は誰もが必死に勉強しているイメージを持っていると思いますが、それとは全く反対に反抗的で本など読もうとしない生徒も多いのです）。それまで日本の中学校では、「自由読書時間」という発想は全くなかったのですが、「朝の十分間読書」の効果はすぐに現れました。この素晴らしい実践を自分の学校だけにとどめてはおけないと、林先生は次の二年間で、自分の中学校の朝読書の時間を見学したうえで朝読書を導入してほしいと「手書きの」葉書を四万もの中学校の校長に送りました。林先生の「一人十字軍」は、最初は懐疑的だった教員からも称賛されるようになり、結果、二〇〇六年現在、日本では三五〇〇以上の学校で「朝の自由読書」が行われています。

読書教育審議会（ナショナル・リーディング・パネル　NRP）は、学校での「自由読書時間」を批判していませんでしたか？

批判はしていないと思いますが、推奨もしていないのは確かです。実際に二〇〇〇年のNRP報告書の自由読書に関する説明を見ていきましょう（NRPは四一頁と八一頁で紹介した「読解力調査委員会」とは別の組織です）。

報告書では、科学的には自由読書の効果は証明されていないと言われています。ただしこれは、学校の国語の時間で自由読書「のみ」を行った場合です。自由読書を推奨する人でも、他の指導を一切しないということなどありません。教えることは当然必要ですが、教えてもらったことを実際に使う機会も同じく必要です。自ら進んで本を読んだことがない人の読解力が向上するはずはありません。

NRPで行われた「自由読書」に関する研究では、一四の短期間の調査しか行われていません。その中の一〇グループでは何もしなかった場合と学力の伸びが同じですが、残りの四グループでは、何もしなかった場合よりも学力は伸びているのです。自由読書がマイナスになるという結果は一つもありません。この結果を見ても、NRPは「自由読書が有効だ」という結論には至らなかったというだけの話です。

スティーブン・クラッシェン教授は、自由読書を推奨している学者のひとりです（自由読書の導入を考えている方は、クラッシェン教授の『読書はパワー（"The Power of Reading" by Stephen Krashen）』をお読みください。読書教育のバイブルとも言える本です）。クラッシェン教授は、NRPの主張に真っ向反対しています。NRPが一四の短期調査をしたのに対し、彼は五三の短期および長期の調査を実施しました。結果は自由読書の有効性を圧倒的に示すものでした。特に一年間続けた場合には大きな効果が出ました。短期間の場合は、三つの調査では有効性がなかったのですが、二五の調査では有効性が示されました。二五対三。野球の試合だったら「圧勝」です。

読書の原理はごくシンプルです。「読書は技術である。使えば使うほど、うまくなる。逆に使わなければ、下手になる。」

経済協力開発機構（ＯＥＣＤ）は、三四の加盟国で公教育に関する調査を行ってきました。二〇〇二年には、三二カ国にわたって一五歳の子どもの読解力調査を行いました。その結果、全ての国で本をたくさん読んでいる子どもの読解力が高いことがわかりました。一九九二年には、国際教育到達度評価学会（ＩＥＡ）が同様の調査を行いました。三二カ国、二一万人の生徒の読解力を調査した結果、読解力が高い子どもには以下の共通点が見られました。

・日常的に学校で読みきかせを受けている。
・日常的に趣味で読書をしている。

さらに、学校での自由読書時間の頻度も結果に大きな影響を与えています。毎日自由読書時間がある方が、週に一度だけの場合よりも読解力テストの点数が高かったのです。全米学力調査（ＮＡＥＰ）の結果も同様のパターンを示しています（ＮＡＥＰは、これまで三五年間にわたって全米の数十万人の子どもを調査しています）。読みきかせや自由読書の効果はこれほど大きいのです。にもかかわらず、学校で読みきかせをしてもらったり、本を読む時間を確保されている子どもはほとんどいないのが実情です。

私自身、本を読むのは嫌いではないですが、たくさん読むというわけではありません。子どもも同じなのではないでしょうか？

事実、たくさん本を読む人とめったに読まない人がいます。学歴は関係ありません。読解力の問題ではなく数学的問題なのです。

数学的問題とはどういうことでしょうか。ここで、コミュニケーション学の父と呼ばれるウィルバー・シュラム教授の理論をご紹介しましょう。シュラム氏はマスコミの研究で有名ですが、新聞や雑誌で読者が読む記事を選ぶ時にどのような原理が働いているか調査しました。そこで「頻度の公式」を導きだしました。

報奨÷難易度＝頻度

というものです。例えばお寿司が食べたくなったとします（「報奨」）。しかし、一番近い寿司屋が車で一時間かかる、つまり「難易度」が大きくなれば、寿司を食べる「頻度」はそれほど高くなりません。しかし、歩いて五分で行けるところに寿司屋があれば、しょっちゅう行くことになるでしょう。

さて、この公式を読書にあてはめてみましょう。まず「報奨」から考えてみます。読書の一番の報奨は「楽しみ」です。楽しみにもいろいろあります。現実逃避もあれば、情報を収集して満足することもある。読書で成績が上がることを期待する人もいるでしょう。読書から得られる報奨は色々あり、本を読む人は誰でも何かしらの見返りを期待しています。見返りが何もなければ、誰も本など読まないでしょう。

次に「難易度」、つまり、読書を妨害する要素を見てみましょう。テレビやビデオ、スマホ、ゲーム、SNSやインターネットが第一にあげられます。また、学校や家庭が荒れていたら読書どころではありません。身の回りに本、新聞、雑誌といった活字環境がないということも考えられます。忙しくて時間がない場合もあるでしょう。本を読むこと自体が難しいという人もいます。周りに読書が好きな人がいない、または、読書に対して否定的な意見をもっている人が多いこともある。最後に、静かに読む環境がない、つまり家で静かに本を読む場所がない、テストや宿題が多すぎて読む時間がないということもあげておきましょう。

このように「報奨」と「難易度」が読書の頻度に密接に関係しています。大きな報奨が得られて難易度が低ければ、それだけ本を読む頻度は高くなります。読書の頻度が高くなれば、成績が上がる可能性も高くなる。結局は、たくさん読めば、その分よく読めるようになるのです。

日本は、これまで四〇年間、読書家のお手本のような国でした。本の売り上げも非常に高く、

 私自身、本を読むのは嫌いではないですが、たくさん読むというわけではありません。子どもも同じなのではないでしょうか？

新聞を読む人の割合も非常に高い（日本人の成人の六四％が、毎日、新聞を読んでいます。アメリカでは二三％です）。しかし、日本人の読書率の高さの原因は、外国人にはほとんど知られていません。それは「時間」なのです。一日は世界共通で二四時間ですが、日本人はその中で読書する時間をうまく作り出しているのです。

日本での高速道路料金は世界一高額です。都市圏では道路の渋滞もひどい。そこで、ほとんどの人は電車や地下鉄で通勤しています。通勤時間も平均で一時間ほど。往復二時間の「読書時間」が生まれるのです（睡眠時間になってしまう人もいますが）。これが、四〇年間にわたって、日本が世界一の「活字消費国」だった原因です。

しかし、一九九〇年代の半ば、日本の「読書率」は一気に下降しました。「親指族の出現」、つまり電車の中でケイタイやゲーム機を使う人が増えたのです。妨害要素が増えてしまったのです。

「頻度の公式」にあてはめると、「難易度」が上がり、読書の頻度が下がることになります。子どもにたくさん本を読んでもらいたいのであれば、ケイタイやパソコン、ゲームといった妨害要素をできる限り取り除いてやらなければいけません。残念ながら、日本だけでなく全世界で「親指族」は増加しています。

学校での「自由読書」で注意することは？

「自由読書」の研究で有名なロバート・マッククラッケン、マリーン・マッククラッケン両教授は、学校での自由読書が失敗する理由として以下の二点をあげています。

・教師が生徒を監視している。
・教室にある本が少ない。

自由読書時間では、教師が「ロールモデル」になるべきです。教師の読書習慣が生徒に影響を与えることが、研究で明らかになっています。ある先生は、読書をしていてわからない単語があると辞書をひくようにしていました。すると、生徒も同じように辞書を使い始めました。また、ある中学校の先生が読書時間で新聞を読んでいると、同じく新聞を読み始める生徒が増えたそうです。読書時間に先生が自分の仕事をしたり、教室の掃除をしたりしていたら、ロールモデルの効果はなくなってしまいます。

家庭でも「自由読書時間」はうまくいくのでしょうか?

「自由読書」は家庭でも学校でも同じです。子どもが中学に上がるまでに学校で過ごす時間は九〇〇〇時間。それに対して、学校外で過ごす時間は九万五〇〇〇時間です。学校の先生に「成績が上がらない」と文句を言う前に、家で「読書時間」をつくってみてはいかがでしょうか。

学校の先生が読書のロールモデルになることが大切だとお話ししましたが、家庭では親がその役割を果たします。親がテレビを見ているのに、子どもに「本を読みなさい」とは言えないでしょう。家で読書時間をつくる時には様々な工夫が必要になります。子どもが読書に慣れていなければ、最初は一〇分から一五分間でもいいでしょう。本に親しんで集中力が続くようになってから、少しずつ時間を延ばしていけばいいのです。子どもが「もっと読みたい」と言うまで待つのが理想です。学校での自由読書と同じく、手の届くところに色々な本や雑誌、新聞を置いておきましょう。毎週図書館に行って本や雑誌を借りれば、簡単に活字環境をつくることができます。三〇年間にわたる全米学力調査や三二カ国の子どもに対する読解力調査を見ても、活字環境が豊かな家庭で育った子どもは読解力が高くなることは明らかです。七九頁でご紹介した三つのB（本、ブックバスケット、ベッドランプ）も、是非そろえてください。

時間帯も大切です。できることなら、家族全員で「読書時間」を決めましょう。寝る前であれば子どもも普段何もしていないでしょうから、読書のために何かを中断しなければならないということもありません。子どもも嫌がらないでしょう。ただし、疲れていて読書に没頭できないこともありますので、その点は考慮してください。

無理やり本を読ませたら読書が嫌いになるのではないでしょうか？

「部屋の片づけをしなさい」「ちゃんと歯を磨きなさい」ほとんどの親は、いつも子どもに何かさせようとしています。

無理やりではなく、子どもが自分から進んでやってくれれば理想的ですが、そんなにうまくいくわけではありません。だから、私たちは、時には口うるさく言ってしまうのです。では、本を読ませることは間違ったことでしょうか。

無理やり読ませると子どもが読書嫌いになるのではないかと思う方もいるでしょう。本当にそうなのでしょうか。例えば、私たちは一〇歳の子どもに歯磨きや片づけを「強制」します。

子どもが大人になった時に歯磨きや片づけが嫌いになって、しようとしなくなるでしょうか。そんなことはありません。ではなぜ、読書を強制すると読書嫌いになると考えてしまうのでしょうか。

「強制」という言い方がよくないのかもしれません。「要求」と言った方がいいでしょう。全ての子どもが学校に行くことを要求され、全ての大人は車の速度制限を守ることを要求されます。しかし、要求されたからといって嫌いになることはありません。次第に魅力的になり、楽しみにつながれば理想的です。そこで「読みきかせ」の出番です。

第6章では、母ひとりで二人の子どもを育てたソニア・カーソンさんのお話をご紹介します。ソニアさんは、子どもたちに図書館のカードを渡して、週に二冊本を読むよう要求しました。今、息子のひとりはエンジニアに、もうひとりは優秀な小児脳外科医になっています。また、移動式陸軍外科病院を開発した世界的に著名な心臓外科医、マイケル・ドルベイキー博士も、週に一冊は本を読むように親から言われていたそうです。要求されなければ、人は何も達成することができないのです。会社で時間通りに出勤することが求められなければ、誰も時間通りに来なくなります。では、読書の楽しみを損なわないで、本を読むように要求するにはどうしたらよいのでしょうか。ここまでこの本を読んでくださったみなさんに思い出していただきたいのは、「読書の楽しみは教えられるものではなく、読みきかせを通して子どもが自分でつか

んでいくものだ」ということです。さらに、

・親自身が本を読んでいる姿を子どもに見せましょう。できれば、子どもが本を読んでいる時に、自分も本を読んでください。
・小さい子どもは、絵本をめくって絵を見ているだけでも「読書」になります。
・子どもに本を選ばせましょう。子どもが選んだ本が親の期待よりも低いレベルでも構いません。
・最初は短時間で結構です。子どもの成長に合わせて少しずつ時間を長くしていきましょう。
・新聞や雑誌でも構いません。

「自分が興味のあるものを自分で選ぶ」ということが何より大切です。好きなものを読ませましょう。残念ながら、学校の夏休みの「課題図書」は子どもではなく先生が好きなものを読ませているようですが。

それでもまだ本を読ませることに躊躇するのであれば、こう考えてみてください。片づけや歯磨きを「要求」しながら読書を「要求」しないのは、読書が子どもの成長にそれほど重要ではないということになります。

うちの子は雑誌ばかり読んでいるのですが、大丈夫でしょうか？

はっきり申し上げておきましょう。お子さんは夢中になっているのです。夢中になるのは決して悪いことではありません。むしろ、近年の読書に関する研究では「夢中になる」ことが注目されています。「どのくらい読書に没頭しているか」「どのくらいの頻度で読書をするか」「どんな種類のもの（本、雑誌、新聞、マンガ等）を読んでいるか」「楽しんで読んでいるのか、あるいは学校の課題で読まされているか」こういうことをよく調べると、子どもがどれくらい読書に「夢中になっているか」がわかります。夢中になって時を忘れてしまうような状態を心理学では「フロー（Flow）」、スポーツの世界では「ゾーン（Zone）」と言います。「フロー」や「ゾーン」の状態は学力テストでは測れませんが、学校外での読書、つまり趣味としての読書においては非常に大切な指標です（学校外での時間が七八〇〇時間もあるということをお忘れなく）。

ＯＥＣＤは三二カ国の一五歳の子どもの読解力と「夢中度」に関する調査を行い、二〇〇二年にその結果を公表しました。夢中度が高くなるほど、点数も上がっています。逆もしかりです。読解力が高い子どもは、様々な種類のものを読んでいますが、やはり小説などの「本」を

「夢中度」と読解力テスト結果の比較
（家庭の収入別）

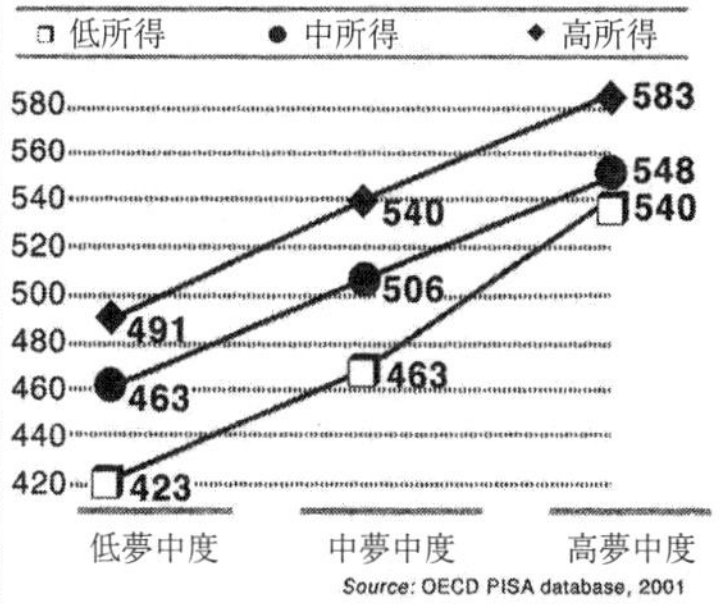

家庭に収入にかかわらず、読書に夢中になるほど読解力テストの点数も上がる。

一番長い時間読んでいるようです。しかし、マンガや新聞、雑誌をたくさん読んでいる子どもの読解力もそれに次いで高くなっています。要は、楽しんで読んでいる限り何を読んでいてもいいということなのです。読む頻度が問題なのです。家に活字媒体の種類が多いほど読解力は上がります（これまた、逆もしかり、です）。活字がたくさんあれば、読解力テストの点数も上がり、読書の幅も広がり、興味関心も広がります。

　表からわかるように、家庭の収入が低ければ読解力も低くなる傾向は確かにあります。けれども、夢中で読んでいる低収入家庭の子どもは、夢中度が低い高収入家庭の子どもよりも読解力テストの結果がよいのです（平均的な家庭の子どもの読解力とほぼ同じ結果になっています）。やはり、「夢中になる」ことが最も大切なのです。

うちの子はマンガが大好きなのですが、それはいいことなのでしょうか？

マンガをたくさん読んでいる子どもは、大人になると本をたくさん読むようになります。ウソだと思う方は、次の調査結果を見てみてください。国際教育到達度評価学会（ＩＥＡ）が三二カ国、二〇万以上の子どもの読解力を調査したところ、フィンランドが一位でした。さて、フィンランドの九歳の子どもが一番読んでいるものは何だと思いますか。実はマンガなのです。五九％以上の子どもが毎日マンガを読んでいたのです。

私の個人的経験からも、また、数々の調査結果から考えても、読書が進まない子どもはマンガから始めてみるのもいいと思います。ただし、近年ではセックスや暴力が含まれたマンガもたくさんある（しかし、これはマンガに限ったことではありません。小説や映画も同じです）ので、子どもにお金を渡して好きなマンガを何でも買わせるのは少々問題があります。テレビやビデオと同じく、大人が責任をもって見てあげなければなりません。

スティーブン・クラッシェンのような著名な学者や、レイ・ブラッドベリ、ジョン・アップダイクといった作家と同じく、私も子どもの時はマンガが大好きでした。一九八四年にノーベル平和賞を受賞した南アフリカのデズモンド・ムピロ・ツツ大司教はマンガについて次のように話しています。「父は小学校の校長をしていました。昔ながらの父親で、特に勉強には厳しかった。ですが、一つ感謝していることがあります。当時の教育者には珍しく、父はマンガを読ませてくれたのです。私はマンガを通して、国語と読書が大好きになったのです。」

第5章　家庭、学校、図書館の活字環境

都会の子どもにとって、学校図書館の衰退は
治安の悪化と同じくらい深刻な問題である。
ジョナサン・コゾル

少し野球の話をしましょう。野球はサッカーほど世界中に普及していません。WBC（ワールド・ベースボール・クラシックス）を見ても、参加国はアメリカや中米・カリブ、アジアに限られています。なぜ、ヨーロッパや南米のサッカー強豪国が世界の舞台に出てこないのでしょうか。答えは簡単です。スペインやブラジルの人たちは、野球をほとんど見たことがないですし、野球をやっている人もほとんどいません。そんな状況で、たとえ政府が野球に力を入れようとしても、決して強くはなれないでしょう。

読書に関しても同じことが言えます。同じ国の中でも、読解力が高い地域もあれば低い地域

もある。家庭でも学校でも、子どもがほとんど新しい本を目にすることがなく、また家に新聞もないような地域は、国の教育政策が同じでも、読解力が低くなるのは当然です。

アメリカでは「落ちこぼれゼロ運動（No Child Left Behind）」や「トップを目指せ（Race To the Top）」といった教育改革が行われてきました。読解力が低い子どもは、放課後に補習を受けてドリルをやらされました。それはそれで結構なことでしょうが、日常生活の中で活字を目にしていない子どもにドリルをさせるのは、ボートを持っていない人にオールを渡すようなものです。

ここで、序章で紹介した表（二四頁「幼稚園児の家庭環境／行動調査」）をもう一度見てみましょう。家庭の活字環境と読書への興味には強い相関があります。

話を進める前に一言言わせてください。家庭や学校の活字環境を充実させることは、決して難しいことではありません。予算も十分にあります。八〇〇億ドルかけてアフガニスタンやイラクの再建ができるのであれば、アメリカ中の学校図書館と公共図書館を充実させることなど簡単です。国民がその価値を理解しているかどうかが問題なのです。

この二〇年間、様々な研究調査で、豊かな活字環境が高い読解力に結びつき、また逆に活字

高校3年生の家庭の本の冊数と理科の平均得点

家庭での本の冊数	理科の平均点
100冊以上	161
26-100	147
11-25	132
0-10	122

アメリカ教育省、国立教育センター統計より

環境が貧しければ読解力が低くなるという結果が出ています。教育関係者がこの結果を無視しているのは残念としか言いようがありません。

全米学力調査（NAEP）では、一九七二年より主要科目の学力を測定しています。家庭での本の冊数も調査しており、読解、作文、数学、理科、公民、歴史において、学力と家庭の本の冊数に相関関係があるとしています。親の学歴による学力差は、家庭の活字環境で十分埋め合わせができるのです。国際的な学力調査でも同様の結果が出ています。一九九二年にエリー教授は二一万人の生徒を調査しました（四八頁参照）。その結果、学校図書館の規模が大きいほど、読解力テストの得点が高いことが明らかになりました。

アメリカでも、一三州以上が学校図書館の充実と読解力の向上に関する調査を行っています。マサチューセッツ州でジェームズ・C・ボーマン教授が行った調査によれば、生徒ひとりあたりの冊数と専任司書の存在が読解力テストの得点に関係しており、その差は一一ポイントにもなるとのことです。また、図書館の利用率が高い

と一二ポイントの差が出るとのことです。

学区全体で活字環境の充実に成功した例として、カリフォルニア州の三地区を比較した調査をご紹介します。それぞれの地区は五〇キロメートルほどしか離れていませんが、まるで別世界と言えるほどの差がありました。スティーブン・クラッシェン教授と南カリフォルニア大学のチームが、ビバリーヒルズ、ワッツ、コンプトンの三地区で、家庭、教室、図書館の活字環境を調査しました。ビバリーヒルズでは大学進学率が九三％ですが、他の二地区では、大学に進学する人はほとんどいません。一九九九年の報告によれば、コンプトンでは学年相当の学力がある生徒はわずか一〇人に一人です。次の表を見てください。「活字砂漠」と「活字の熱帯雨林」と言ってもいいでしょう。

一九九〇年代にカリフォルニア州は読解力が全米最下位になり、それを受けて国語教育の諮問委員会が設置されました。クラッシェン教授は諮問委員会にこの結果を報告しました。当時、カリフォルニア州は、子どもの貧困率が最も高く、学校図書館や公共図書館の予算も低かったのですが、州当局は一九五〇万ドルの予算をつけて「読解ドリル」を開発しました。クラッシェン教授の報告は理解されなかったのです。

その結果はどうだったか。莫大な予算をかけて読解ドリルを開発したにもかかわらず、一九九六年の読解力テストでも最下位。二〇一一年になっても、五二州中四六位です。州の教育庁

カリフォルニア3地区における活字環境

	家庭での冊数	教室での冊数	学校図書館の蔵書数	公共図書館の蔵書数
ビバリーヒルズ	199	392	60,000	200,600
ワッツ	4.5	54	23,000	110,000
コンプトン	2.7	47	16,000	90,000

の統計では、カリフォルニア州の司書は生徒五一二四人に一人ということです。これは全米で下から二番目の割合であり、国の平均（九一六人に一人）の五分の一です。四二八三人の受刑者に対して一人の司書がいる刑務所の方がまだましです。

学校は家庭での教育環境の差を埋めるような存在でなければなりません。家庭での教育機会に恵まれない子どもが多いほど、学校図書館を充実させる必要があります。しかし、ネル・デューク教授の研究によれば、現実はそうなっていないことがわかります。教授は、マサチューセッツ州の小学一年生二〇学級（都心と郊外それぞれ一〇学級）を一年間にわたって調査しました。都心でも郊外でも、先生の平均経験年数は一八年でしたが、都心では学校図書館の利用率が低く、蔵書数は少なく、質も悪かったのです。授業で読むもののレベルも低く、読みきかせもあまり行われていませんでした。郊外の学校と比較すると、生徒ひとりあたりの蔵書数は五分の一です。郊外の学校では平均して年に七冊の読みきかせをしていましたが、都心では二冊だけでした。

教育テスト開発機構（Educational Testing Service、ＥＴＳ）のポール・Ｅ・バートン氏は、低学力の地域では移動式図書館を導入すべきだと言っています。次にご紹介する研究では、バートン氏の指摘が正しいことがよくわかります。「本があれば人は読書をする」のです。読書をすればテストの結果もよくなります。

夏休み後の学力低下、貧困層の低学力、また学校外での活字環境の貧しさといった問題に対処するため、リチャード・アリントン、アン・マクギル‐フランゼン両教授のチームが、貧困層の低学年の子ども八五二人に対して研究を行いました。研究は、三年間にわたって夏休み中に行われました。

夏休み前に、ブックフェアを開催しました。子どもたちは一二冊の本を選び、夏休みに持って帰って自分の本にしていいことにしました（一方、特に何もしない四七八人を「コントロール・グループ」として比較します）。ブックフェアで揃える本も、事前に研究者が選んでいます。子どもが興味を示すような、映画やスポーツ選手のものやシリーズもの、また理科・社会といった科目に関連するものも選ばれました。

三年後の結果はどうなったのでしょうか。コントロール・グループと比べて、調査対象になった子どもは明らかに読解力が上がりました。これは、三年間にわたって夏休み中に本をいつでも手にすることができたからです。面白いことに実験前に最も学力が低かった子どもの伸びが一番大きかったのです。原因としては次の三つが考えられます。

⑴本が手元にある　⑵本を自分のものにできる　⑶本を自分自身で選ぶ

読解力の向上が特に大きかったというわけではありませんが、学校全体のカリキュラムの見直しや夏の補習よりは効果が大きいと研究者は言っています。

さて、三年間、八五二人の子どもを対象にしたこのプログラムですが、どれほどの費用がかかったのでしょうか。一二万ドルにも達していません。イラク戦争の一週間分の費用（二〇億ドル）を使えば、一万六〇〇〇もの学校でこのプログラムを実施することができるのです。全国で実施するのは決して難しいことではありません。

家にどれくらいの本があればいいのでしょうか?

冊数はそれほど問題ではないでしょう。「自分だけの本」、つまり夢中になって読める本が一〇冊もあれば十分です（私自身も、幼稚園の時に買ってもらった特別な一冊があります。一七九頁でご紹介します）。

読書に出会ったことで人生が変わり、大人になって多くの人に影響を与える存在になった少年の話をご紹介します。一〇歳になった時には、彼も彼のお姉さんも、一年ほど教育を受けて、字は一応読めるようになっていましたが、「勉強ができる」とはとても言えませんでした。学校には本がほとんどなく、家にも本はありませんでした。そんな時、父親が再婚し、新しい母親が本を数冊家に持ってきました。彼女自身は字が読めませんでしたが、本を読むとどれほどいいことがあるか、少年に話して聞かせました。少年は新しい母親とすぐに仲良くなりました。その少年はその後アメリカの大統領になります。

本の中には、イソップ童話やロビンソン・クルーソー、天路歴程、シンドバッドがありました（こういった本は、今で言うiPadのようなものだと言う作家もいます）。それも、子ども向けに書きなおされたものではなく、全て原作であり、文体も大人向きの難しいものでした。

サラ・ブッシュ・リンカーンが持ってきた数冊の本が、エイブラハム少年の心に「読書への愛」を植えつけたのです。読書を通して、インディアナのリトル・ピジョン・クリークの向こうに果てしない世界が広がっていることを知ったのです。本をむさぼるように読みながら、畑仕事だけが人生ではないことを知ったのです。エイブラハム少年の読書への愛が、アメリカの将来を変えたと言っても決して大げさではありません（ちなみに、リンカーンが当時通っていた学校では、先生が言ったことを暗誦するだけの授業ばかりだったようです。現在の「テスト対策一辺倒」と同じです)。

家庭に本があることで人生が変わったという例は世界中にあります。二七カ国、七万の家庭を対象に数十年間にわたってデータを集めた結果、家庭にある本が多いほど学力が高く、最終学歴も高くなることがわかっています。親の収入や職業、学歴の差を考慮しても、この傾向は変わりません。

学校で「自由読書時間」を確保することが難しいのであれば(今の学校ではテスト対策で時間がとられてしまっています)、家庭で本を読ませなければ読書家を育てることはできません。しかし、問題が二つあります。家庭にある本が少ないことと、公共図書館の開館時間が短く、また財政が厳しくなると予算が削減され、閉館に追い込まれてしまうことです。住民が図書館の重要性を訴え、問題を解決していかなければならないでしょう。

新聞を購読する家庭が少なくなったことで何か影響があるのでしょうか?

新聞や雑誌はソフト・ライブラリーと言えるでしょう。一〇〇年以上前から、当然のように家庭には新聞や雑誌がありました。子どもは、家にある新聞や雑誌を見て「活字」の存在を身近に感じていたのです。見出しや記事に活字が埋まっていて、親がいつも読んでいるのを目にすることで、「読書」の松明が親から子へと受け継がれていくのです。

新聞も雑誌もアメリカでは衰退の危機に瀕しています。都心でも田舎でも新聞の発行部数は一九八〇年代から減少しつづけています。一九八〇年の発行部数は六二八〇万部でしたが、二〇一一年には四七〇〇万部まで減りました。ピュー研究所が二〇一〇年に行った調査によれば、任意の一日に新聞でニュースを読んだ人の割合はたったの三一％（一九九一年には五六％でした）。週刊誌や月刊誌の発行部数も減少しています。かつては世界中で読まれていたリーダーズ・ダイジェストですら、二三〇〇万部から五〇〇万部に落ち込んでしまいました。タイム誌の記者も次々と会社を辞めている状況です。

あらゆる世代の人に読まれていた雑誌が今消えていこうとしています。ニューヨークタイムズ紙のデビッド・カー記者は、子どもの時に家族が朝食を食べながら新聞を読んでいたのを思い出して次のように話しています。


大人になるってこういうことなんだと思いました。立ったまま朝食を食べながら、新聞を読む。私自身、一三歳でマネし始めました。今でも続けています。

先週の水曜、我が家の朝の様子です。上の娘は大学生ですが、フェイスブックのメッセージを見ると「友達の家に泊まりに行く」と言って出かけました。一〇歳になる下の娘は朝食もとらずに携帯でメールをチェック。妻は新聞が配達される前に家を出て会社に行かなければいけません。通勤中はクリスマスプレゼントでもらったiPodで音楽を聞いています。

下の娘はメールチェックを済ませ、五分で朝食のシリアルを流し込むと食卓にあるノートパソコンを開いてディズニー・チャンネルを見始めます。私はひとりキッチンで立ったまま朝食を食べながら、新聞を読んでいました（毎朝四紙に目を通しています）。スタートリビューン紙が私的ファンドに買収されるというニュースがありました。我が家の状況を見れば原因は明らかです。

確かに、今ではインターネットで新聞が読めますが、子どもが見るようなサイトに新聞のリンクはありません。一方、親が毎日「紙の」新聞を家で読んでいれば、子どもは嫌でもその姿を目にします。目の前で旗を振られているようなものです。ですが、最近では親自身がわざわざ新聞など読みません。「新聞を読むなんて昔の話でしょ。今時誰も読んでないよ。メールで配信してもらえるし、スマホでも通知してくれる。フェイスブックで友達からニュースを教えてもらってもいい。今はそうなんだよ、お父さん。」

活字を読むという行為が完全に個人的なものになり、他人の目には見えないものになってしまいました。目に見えないものをどうやって子どもに伝えていくのでしょうか。目に見えない「ロールモデル」など果たして存在するのでしょうか。それが一番の問題です。

シリーズものは子どもに人気がありますが、文学作品を読ませた方がいいのではないでしょうか？

文学作品のほとんどが子ども向けには書かれていません。大人、特に知識階級の人に支持されることで文学として評価が確立し、その結果、子どもにも読まれるようになっていくのです。あまり早い段階で文学作品を読ませると読書がつまらなくなり、続かなくなることがあります。もう一度原点に返って考えてみてください。最終目標は、子どもが一生本を読み続けるようになることです。国語の先生を育てるのではありません。

ある有名校の校長が、「問題児」の親にあてた手紙をご紹介します。

まだまだ知的関心が低く、幼い面があります。本はかなり読んでいますが、さらっと読み流しているようです。来年には、もっと内容のある本を深く読むようになると思います。今はマンガが大好きですが、すぐに成長して、レベルの高い本を読むようになるでしょう。

愛校心も勉強への興味もないが、本が大好きだったこの「問題児」は、一九八一年にワシントン・ポスト紙に掲載した書評でピューリッツァー賞を受賞したジョナサン・ヤードリー氏です。(息子のジム氏も二五年後にピューリッツァー賞を受賞しています)。

確かに子どもは「ジャンク・ブック」に魅かれるようです。子どもには「ジャンクもの」を引き寄せるマグネットが内蔵されているのではないかと思うくらいです。だからこそ、私たち大人が読みきかせを通して、よりよい本に導いてやることが大切なのです。そのうち、読みきかせしてもらっている文学作品と、自分で読んでいる「ジャンク・ブック」を子ども自身が比べるようになるでしょう。自分で比較することで、本を選ぶ力がついてきます。文学作品を読むのは、十分に準備ができてからでいいのです。私自身、高校時代に無理やりシンクレアの『ジャングル』を読まされた苦い思い出があります。しかし、この作品の真価がわかったのは四五歳に読んだ時でした。そもそも、この作品は、高校生ではなく中年対象に書かれたものです。

「売れ続ける作品が文学作品だ」と言う人がいましたが、私も賛成です。この定義によれば、ダールの『おばけ桃の冒険(“James and the Giant Peach” by Roald Dahl)』やホワイトの『シャーロットのおくりもの(“Charlotte's Web” by E. B. White)』も立派な文学作品だと言えます。

キャサリン・シェルドリック・ロス教授の研究によれば、シリーズものは過去一〇〇年にわたって子どもには人気があるとのことです。その一方、学校の先生や司書といった「教養の門番」のような人からはよく思われていない。大げさで現実離れしていて、子どもに悪影響があるというのが「教養派」の言い分です。

また、「ハマってしまう」ことも大人から白い目で見られる原因でしょう。一つのシリーズを読み始めるとそのシリーズだけ何冊も読んでしまう。実際はこの過程で子どもがよりよい読者に成長しているのですが、それに気づく人はほとんどいないようです。

大切なことは、シリーズものを読むことによって子どもが読書を好きになるということです。第1章(四五頁)でお話ししたように、人間という生き物は楽しみを伴わないことを繰り返しようとはしません。人を行動させる原動力は「楽しみ」なのです。

シリーズものの害については昔から様々な議論があります。しかし、フランス生まれでアメリカに帰化した哲学者のジャック・バーザン氏はそんなことは気にも止めず、一九二〇年に船でアメリカに上陸すると、スポーツもののシリーズを読みふけったのです。シリーズものからどれほどの影響を受けたかということも後に恥じらいもなく語っています。彼は後にアメリカで最も有名な人文学者になります(九六歳になった二〇〇〇年には、世界文化の歴史に関するベストセラーを生み出しました)。外国語学習にシリーズものが有効であるという研究結果もあります。
ロス教授は、シリーズものを読むことで子どもは実に多くのことを学ぶと言っています。日常的にたくさんの本を読むことで、読み飛ばしたり推測したりする技術が身につきます。事件解決のカギを探したりする場合はじっくりと読むようにもなります。章のタイトルの意味や、登場人物とその背景を読みとることもできるようになります。

「読めば読むほど、よりよく読めるようになる」という読書の格言は、シリーズものに一番あてはまるのではないでしょうか。

シリーズものの効果については、G・ロバート・カールセン教授が三〇年間にわたって行った調査によって明らかにされています。毎年、大学院の学生に子ども時代に好きだった本、嫌いだった本についてのレポートを提出させ、『読者の声：どうやって本が好きになったか("Voices of Readers: How we come to love books")』という本に調査結果をまとめました。それによると、大多数の学生が子どもの時にシリーズものが好きだったのです。シリーズものが知的発達を妨げると言えるでしょうか。調査対象になったのは大学院まで進んだ学生なのですから、そんなことは決してないはずです。

お子さんが、吸血鬼のシリーズや、ハリーという名の魔法使いのシリーズを読んでいたら、そのまま読ませてあげてください。それでお子さんが犯罪者になってしまうことは絶対にありません。逆に、文学作品を堪能できるような最高の読者に育っていきます。

乳幼児に電子書籍を読ませてもいいのでしょうか?

例えば、車や解熱剤はよいものだと私は思っています。しかし、乳幼児に車を運転させたり、頭が痛いからと言って安易に解熱剤を与えたりするのは問題です。電子書籍も同じです。電子書籍を日常的に読んでいる親御さんも多分同じような考えなのではないでしょうか。小さい子どもには、大人が線引きをしてあげなければなりません。幼児のうちは紙の本だけにして、電子書籍は読ませない方がいいでしょう。実際、二〇一一年の時点では、子ども向け書籍のうち五%しか電子化されていません。

しかし、状況は今後変わっていくでしょう。出版社が、電子書籍に音声や動画を組み込み、マルチメディア商品にしていくことも考えられます。「商品化」されると様々な問題が出てくる可能性があります。テレビ番組も「商品」として高視聴率を目的にすることで、質が低下しました。電子書籍も、音や色をふんだんに使うことで、文字を読んで考えなくても楽しめるものになっていくかもしれません。確かに、売れ筋の「ジャンク」的要素も読書には大切な要素ですが、出版社が電子書籍を売ることだけを考えるようになってしまったら、テレビと同じようにどんどん質の低いものがつくられるでしょう。

乳幼児は、自らの手と頭を使って目の前にある世界を探検します。じっくり観察して考える時間が必要なのです。紙の本であれば、一ページをじっと眺めることができますし、効果音が鳴って気が散ることもありません。ページが素早く動いてしまったら、何も吸収できません。

子どもがもう少し大きくなったらこの限りではないでしょう。特に学校や図書館ではデジタル化に対応する必要があるかもしれません。デジタル世代の子どもは七歳くらいでスマートフォンを使います。本をスマホで読みたがる子どもも増えてくると思います。ただし、「デジタル読書」に学習効果があるかどうかは慎重に考える必要があります。

第6章　テレビは読書の邪魔？

テレビの出現によって、現代社会の知性が試されるだろう。今まで目にすることがなかったものも、テレビで見られるようになる。安らかな生活が脅かされるか、あるいは逆に、救いの光となるか。われわれはテレビによって進化するか退化するかのどちらかだ。

E・B・ホワイト

（ハーパーズ誌一九三八年一〇月「都会を出る」より）

今の子どもには、デジタル機器が欠かせないものになっています。デジタル機器と学習については様々な議論がありますが、その前にテレビについて考えてみましょう。コンピューターやインターネットの普及によって、家庭でのテレビの存在価値がなくなるとも言われていますが、まだそこまでには至っていないようです。テレビは子どもにとってプラスになるのでしょうか、マイナスになるのでしょうか。あるいは関係ないのでしょうか。

オプラ・ウィンフリーは、自身が司会を務めるトーク番組の中で長年読書普及活動をしています。これは確かにテレビのよい面です。また、ベトナム戦争や公民権運動、同時多発テロに関しても、テレビによって全米、また全世界の人々の政治意識が高まりました。これもテレビがもたらす大きな恩恵でしょう。

我が家にももちろんテレビはありますし、毎日ニュース番組やニューヨーク・ヤンキースの試合を見ています。アップルTVで映画も楽しんでいます。娯楽や情報源、また、単なる暇つぶしとしても、テレビは特に有害というわけではありません。ただし、「適量」であればということです。テレビなどのマスメディアは医薬品のようなものです。役に立ちますが、子どもが使う場合「保護者の監督の下」でなければなりません。テレビは今や各家庭平均三・八台もあるとのことですが、どのくらいの親が子どものテレビ視聴を管理監督しているでしょうか。

現代の親は忙しいということもよく理解しています。両親とも外で仕事を持ち、ストレスも多いし勤務時間も長い。その状況で子育てをしています。一昔前のホームドラマからは想像もつかない状況です。テレビが便利な子守道具になっている家庭もあるでしょう。ですが、便利だからといって、必ずしもよいものであるとは限りません。

大切なことなので、何度も強調しておきます。テレビを見ること自体に害があるわけではありません。テレビを長時間見ることによって「何ができなくなるか」を考えなければならないのです。それを頭に入れたうえで、次の話を読んでください。私は二五年間ずっと、親にこの話をしています。

デトロイト都心に住むソニヤ・カーソンさんは、シングルマザーで、二人の息子さんを必死に育てていました（訳注　アメリカの「都心部（inner-city）」は貧困地区が多い）。ソニヤさん自身は、二四人兄弟（！）で、三年間しか学校に通っていません。お金持ち家庭の家政婦をしながら、ひとりで家事と子育てをこなしていました。家計を支えるため、二つ三つの仕事を掛け持ちすることもよくありました。働きすぎて親戚の家に「一時避難」して休んだこともあったそうです。息子さんたちは何年も後に、当時ソニヤさんがうつ病で診療を受けていたことを知らされました。

二人の息子さんは母の苦労をよそ目に、勉強もせず、だらだらと日々を過ごしていました。下のベニー君が五年生の時の成績はクラス最下位。アメリカで最も危険な街で、シングルマザーとして二人の子どもを育てているという信じられないほどの苦労に、子どもの成績という問題までのしかかってきたのです。それでも、ソニアさんは問題に正面から向き合います。

「ベニー。お前は本当はもっと頭がいいのよ。算数の成績がこんな悪いはずがないわ。まずは今日中に九九を全部覚えなさい！」と宣戦布告です。

「ママ、一年かけてもできないよ。無理だよ！」とベニー君は抵抗しますが、母は負けません。「私は三年生までしか学校に行っていないけど、全部覚えたわよ。覚えるまでどこにも行っちゃいけないからね！」ベニー君は教科書の九九の表を見て、「絶対無理！　こんなに覚えられる奴なんてどこにもいないよ！」と泣きだします。もちろん母は譲りません。優しくベニー君を見つめ、「九九覚えるまで遊びに行っちゃダメだからね。」

結局、ベニー君は九九を全部覚えました。もちろん算数の成績も上がりました。次は他の科目です。「そういえばあの子たち家にいる間、ずっとテレビつけっ放しだわ。」ソニアさんは直感的にテレビが諸悪の根源だと気づいたのです（実はその三〇年後に、テレビを見る時間と学力に強い相関があることが研究で明らかになりました）。「今日から一週間、毎日、番組三つしか見ちゃだめよ！」一週間も！

次は、今までテレビに奪われていた時間を取り戻さなければなりません。「図書館に行って本を二冊借りてきなさい。毎週お母さんに何を読んだかちゃんと書いて渡すのよ。」（実は、ソニアさんは子どもたちが書いたものを読むことはできませんでした。子どもたちは何年も後にこのことを知らされます）。

もちろん二人とも本は嫌いでした。でも、ここまでくると反抗もできません。毎週本を二冊読んで、お母さんにその本の話をしているうちに、国語の成績は上がりました。読解力は勉強の基本ですから、当然他の科目の成績もどんどん伸びます（ここで注目していただきたいのは、ソニアさんは「学校改革」をしたのではなく、「家庭改革」をしたということです。「教育改革」と称して次から次へと新しいことをしたがる政治家の先生方は家庭の役割をわかっていないようです）。毎学期、毎年、ベニー君の成績は上がりました。高校になる頃には、クラス三位。全国レベルで見ても、上位二〇％に入るほどになっていたのです。

ウェスト・ポイントやイェール、スタンフォードといった有名大学から特待生の勧誘が来ました。ベニー君は別にどの大学でもよかったので、テレビの学生クイズで優勝したイェール大学に入学しました。四年間心理学を専攻し、その後、ミシガン大、ジョン・ホプキンス大の医学部に進みました。現在六二歳のベン・カーソン医師は、世界的に著名な小児脳外科医です。三三歳の若さでジョン・ホプキンス大の神経外科部長に任命されました。

小学三年までしか学校に行っていない母親ひとりに育てられ、五年生の時にはクラス最下位だった子どもが、どうやって世界的な脳外科医の権威にまでなることができたのでしょうか（ちなみにお兄さんは著名な技術者になりました）。ドクター・カーソンは、「母親がセブンスデー・アドベンチスト教会の熱心な信者だったこと」「母親がテレビを見ずに本を読むように言ってくれたこと」だと話しています。

私の講演を聞きに来る方は、ソニアさんの三倍以上学校に通い、収入も一〇倍以上あります。しかし、子育てに関する「常識」や「勇気」はソニアさんの一〇分の一ほどもありません。子どもを「育てて」いるのではなく、子どもが育つのを、テレビの前に座って「見ている」だけと言ったら言い過ぎでしょうか。

カーソン一家のお話をまとめますと、重要な点は以下の二つ。

(1) テレビを禁止したのではなく「制限」しただけ。
(2) 子どもを信じて、正しい行動をとるようしつけた。

テレビを見る時間を制限したことで破綻をまぬがれました。「服用量」は薬でも読書でもテレビでも、決定的な要因になります。

ベン・カーソン医師は、この話を本に書いて出版しています。(“Gifted Hands: The Ben Carson Story”)

実際、テレビのどんなところが悪いのでしょうか?

以前は、テレビ自体に害はなく、育児放棄や、そこまでいかなくても、親が子どもの勉強に無関心である結果子どもが長時間テレビを見るようになると考えられていました。いわば親の「犯行」に対して、テレビは無実の「傍観者」だったということです。しかし、最近の研究では「傍観者」ではなく、「共犯者」であることが明らかになってきました。「有罪」とまでは言えないかもしれませんが、少なくとも「見すぎ」に関してはあらゆる年齢層で直接的な悪影響があります。中でも、乳幼児のテレビの見すぎが一番危険だということです。最新の調査結果によれば、今後の見通しは明るいものではありません。八歳から一八歳の子どもは、平均すると一日に四時間二九分もの間テレビを見ているとのこと。音楽等、他のメディアの二倍、二〇〇四年の調査と比較すると三八％の増加です。

さて、では最も若い「視聴者」、つまり乳幼児への影響を詳しく見ていきましょう。

1．テレビが「家族団欒」の代名詞のように言われることもありますが、乳幼児に関しては、ひとりでテレビを見ている場合が多いようです。貧困家庭で生後六カ月の子どもがテレビを見ている様子を合計四〇〇時間以上観察したところ、テレビを見ている間に母親が子どもと関わっている時間は二四％、それもほとんどが、教育番組を見ている時でした。乳幼児がひとりぼっちで見ている番組は、乳幼児向けではない一般向けの番組なのです。また概して、家庭の収入が低いほど、子どもがテレビを見ている時間は長くなり学力も低くなっています。テレビの見すぎで集中力が落ちているのでしょうか。別の研究を見てみましょう。

2．シアトル小児病院の研究者が、二五〇〇人の子どもを対象にテレビ視聴の習慣を調査しました。その結果、三歳になるまでにテレビを見ている時間が一時間増えるごとに、七歳以降にＡＤＨＤ（注意欠陥・多動性障害）になる確率が一〇％増えるという結果が出ました。（ＡＤＨＤは子どもの行動障害では現在最も数が多いものです。）

3．今時の若い親は、自分の子どもを周りの子よりも一歩先に進めようと、様々な「知育玩具」を買っています。子どもを「アインシュタイン」にするためのおもちゃやＤＶＤ、電子機器がたくさん売り出されています。ちょっと待ってください。アインシュタインが幼少期にどれほど不幸な経験をしているかご存じですか。自分の子どもにそんな不幸な体験をさせたいわけではないでしょう。

実は、全国でも最大規模のおもちゃ会社の研究部長がこんなコメントをしています。「知育玩具によって、知能が上がるということは証明されていない。」しかし、ほとんどの親はそのことを知りません。発達心理学の専門家は「ＩＱを上げる」と宣伝されている知育玩具やＤＶ

Dには注意が必要だと言っています。「子どもが自ら働きかけないと遊べないようなおもちゃが一番よいのです。頭や体を使うほど学習効果も上がります。自分が何もしなくても楽しめるおもちゃでは頭も体も使いません。」

「ベビー・アインシュタイン」の親会社であるディズニーは、ある団体から「知育玩具（educational)」という商品表示が不当であるとのことで、返金を要求されました。集団訴訟もちらつかされたディズニーは返金に応じ、訴訟は逃れました。やはり「教育効果」は科学的に証明されたものではないのでしょう。

4．子どもが学校に上がると、テレビの見すぎが算数と国語の成績に影響します。カリフォルニアの六つの小学校、三四八人の三年生対象の調査では、自分の部屋にテレビがあると、国語と算数の成績が下がることがわかりました。また、カイザー家族財団の調査によれば、自分の部屋にテレビがあると視聴時間も長くなるということです。

八歳の子どもの七一％が自分の部屋にテレビがあり、家には全部で三台あるそうです。その結果、一日あたりの視聴時間は一時間増え、テレビ以外のメディアを含めた視聴時間も二時間増えるそうです。自分の部屋にゲーム機がある子どもは、そうでない子どもと比べて、三二分

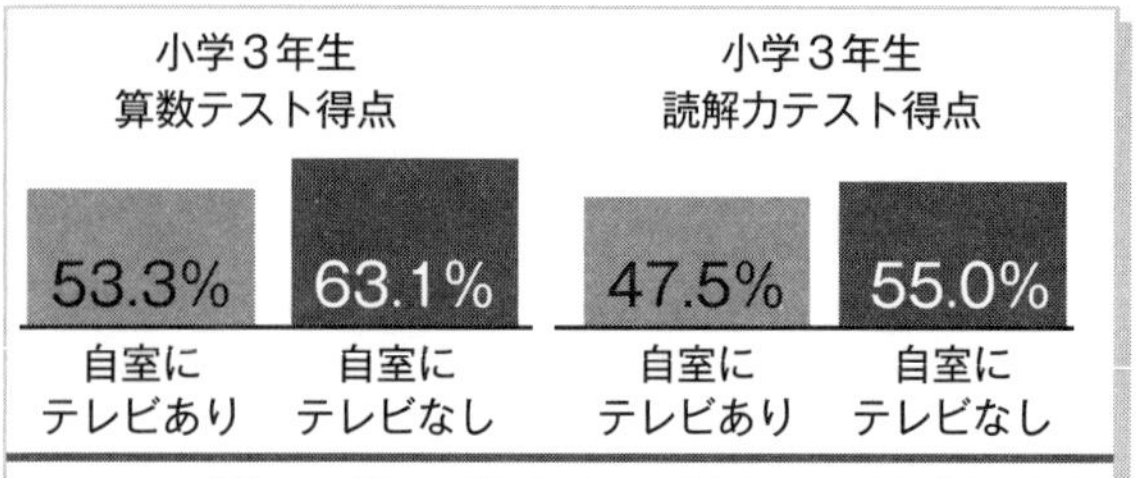

出典：Archives of Pediatrics and Adolescent Medicine, 2005

自分の部屋にテレビがあると、見る時間が長くなり成績が下がる。『リモコン、家庭、第2の鉛筆（“The Remote, the House and the No2 pencil”）』より。

も長くゲームをしています。パソコンの使用時間は倍にもなります。

悪影響があるのは勉強面だけではありません。一九九九年に、幼稚園から四年生まで四九五人の睡眠に関して先生や親にも協力してもらって調査したところ、部屋にテレビがある子どもは寝つきが悪く、夜中に目が覚める回数も多いことがわかりました。そのような子どもは、学校での勉強にも集中できなくなります。

5．最近、全国的な学力調査で人種も含めて細かい分析をするようになり、人種間の学力差が話題にのぼるようになりましたが、アメリカでは黒人と白人の学力格差は昔から存在しています。この本でも再三指摘していますが、家庭の収入と学力格差には相関があります。しかし、家庭の収入が同じだとしても、黒人の子どもの学力の方が低いのです。そこで、研究者は収入以外の原因を探しました。その中の一つがテレビだったのです。オハイオ州、シェーカーハイツの進学校での調査で明らかになりました。生徒の家庭は、中産階級で、黒人も白人もいます。

親が大卒の場合でも、黒人の生徒は白人の生徒よりも一九一ポイント学力が低かったのです。中流家庭の黒人の生徒は同じ環境の白人の生徒と比べ、テレビを見ている時間が二倍にもなりました（白人が一時間半であるのに対し、黒人は三時間）。テレビを見ている時間が、人種間の学力差の一因だったのです。

この調査は、ハーバード大学で公共政策を研究しているロナルド・F・ファーガソン教授が行いました（教授自身もアフリカ系です）。二〇一〇年にカイザー家族財団が全国的に行った調査でも同じような結果が出ましたが、さらに、黒人家庭では子どもの部屋にテレビがあるケースが多く、その場合、視聴時間が一日あたり約二時間長くなるとのことです。

6．ニュージーランドで二六年間にわたって、一九七二年から七三年に生まれた子ども九八〇人を対象とした研究が行われました。二〇〇五年に調査結果が発表されました。

子どもが五歳、七歳、八歳、一一歳、一三歳、一五歳の時点で、各家庭からテレビ視聴時間のデータを集め、二六歳になった時、子どもに直接面接し、学歴を確認し、学力を測ります。

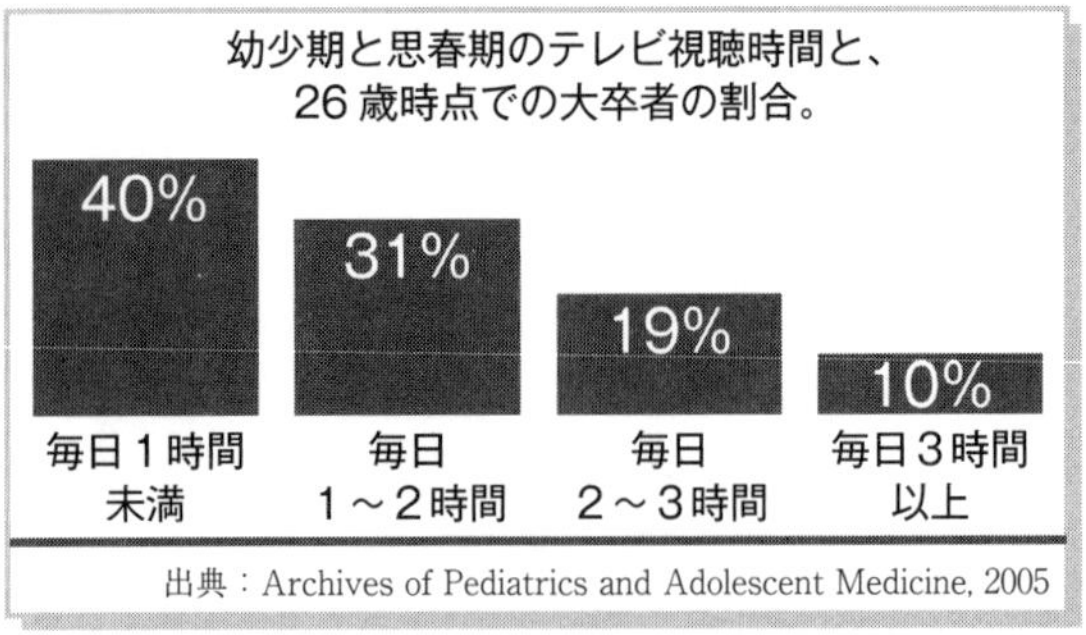

『子ども時代のテレビ視聴時間と学歴』に関する調査より

ＩＱや職業、収入、子ども時代の問題行動等、様々な要素を調整した結果、テレビを見る時間と二六歳時点での学力には相関があるという結果が出ました（表参照）。テレビを見る時間が一時間以下の子どもが大学進学率が最も高いのです。研究者は言います。「テレビを見すぎると、学歴も低くなると言えます。大人になった時の社会的地位や生活水準に大きく影響するのです。」

7．子どもが三歳になる頃から、テレビでも語彙を学習するようになります。特に教育番組はこの点で効果が高いと言えます。しかし、一〇歳になると、テレビから聞えてくる言葉は既に知っているものばかりになります。テレビで使われる語彙の質は年々下がってきています。トム・シャットマンは、著書『物言わぬ社会（“Inarticulate Society”）』で、一九六三年から九三年の三〇年間のＣＢＳイブニングニュースで使われる文法や語彙を分析しました。一九六三年の放送では、一文の語数は一八〜二五語。従属節も使われており、「満場一致(unanimous)」「必須(compulsory)」「抗議(protestations)」といった抽象的な言葉も多く使われていました。全体的には、ニューヨークタイムズ紙の一面と同じレベルでした。九〜一〇万語の語彙がある人対象と言えます。要するに、教養のある「書き言葉」を使っていたのです。ところが一九九三年になると、「日常会話」レベルになってしまいます(八四八語の日常語)。抽象的な専門用語も少なくなり、文も短くなっています。番組本体も、CMも、一九六三年には高卒(それも優秀な)レベルだったのが、一九九三年には中学レベルになっているのです。二〇〇九年の別の研究では、八八のテレビ番組が調査されましたが、九八%の語彙が「日常語彙」だったそうです。結局、子どもが一〇歳になる頃には、テレビから新しい言葉を覚えることはなくなるのです。

どのくらいまでならテレビを見せてもいいのでしょうか?

どのくらいテレビを見せてもいいか。そのことを考える前にもう一度思い出してください。テレビを見ること自体が悪いのではなく、テレビのせいで多くのことが犠牲になるということが一番の問題なのです。ゲームをしたり、家の手伝いをしたり、絵を描いたり、趣味に没頭したり、友だちをつくって一緒に遊んだり、宿題をしたり、自転車やスケボーに乗ったり、キャッチボールやサッカーをしたり、本を読んだり、誰かと話したり……実に多くのことが、テレビのせいでできなくなっています。テレビはよく「ベビーシッター」と言われますが、子どもの自然な成長を妨げるようなベビーシッターを雇う親など、どこにもいないでしょう。

アメリカ小児科学会が推奨するテレビ視聴時間は、一週間に一〇時間以内です。また、二歳以下の子どもには見せてはいけないとのことです。これは、一九六三年から七八年に、イギリス、日本、カナダ、アメリカの五地域で行われた二三の研究（対象となった子どもは計八万七〇二五人）から導き出された数字です。テレビを見る時間が一〇時間以内の子どもには、学力に対する悪影響は見られず、わずかながら好影響もありました。しかし、一〇時間を超えると、学力が下がっていきます。今の子どもの平均視聴時間は、残念ながらこの三倍にもなっています。

政治家も校長先生も、テレビに関して警告を発することはありません。おそらく多くの人が自分自身テレビ中毒になってしまっているのでしょう。ここ二〇年間、民主党の大統領も共和党の大統領も、現在の教育を批判し、新しいテストを推奨してきました。しかし、誰ひとりとしてテレビの害を訴えてはいません。「この一般教書演説を聞いている親のみなさん。ある調査結果についてお話しします。みなさんの六四％がテレビを見ながら夕食を食べ、半分が家にいる間テレビをつけっ放しにしています。子どもがテレビを見るのを制限している方は半分もいません。しかし、いかなる調査結果を見ても、テレビの見過ぎは学力低下に直結しているのです。みなさんに一つお聞きしたい。あなた方、頭は大丈夫ですか。」こんな演説をする大統領が出てきてほしいものです。

生きている間に、ここまで勇気のある大統領にはお目にかかれそうにありません。ですが、教育委員会であれば、テレビの害を保護者に伝えることはできるのではないでしょうか。この章でお話ししたことをパンフレットやチラシにまとめてぜひ配ってください。学校や地域の掲示板に掲載してください。気に留めてくれる家庭がたとえ五つだけだったとしても、少なくとも五人の子どもが救われるのです。

ご自身では、どのようにテレビを制限しているのですか？

これから私がお話しすることは、インターネット等にも応用できると思います。結局のところ、家庭内での時間管理の問題です。

我が家でテレビのルールを作ったのは一九七四年でした。当時、娘は小学四年生で、息子は幼稚園児でしたが、二人ともテレビ中毒になりかけていると感じていました（今、娘は四七歳、息子が四三歳です)。毎晩読みきかせをしていたのですが、子どもは「テレビが見たいから早く終わって」と言いだすようになってしまったのです。

ある日、マサチューセッツに住む友人、マーティーのお宅にお邪魔しました。一〇代の子どもが四人いたのですが、みんな夕食が終わると自分の部屋に行って宿題を始めたのです。マーティーと奥さんのジョーンさんに聞きました。「テレビ壊れてるの?」「壊れてないよ、なんで?」マーティーは不思議そうに言うので、「いや、まだ七時にもならないのに子どもは宿題やってるじゃない」と素直に私の疑問をぶつけました。

「学校がある日は夜にテレビ見せてないのよ」とジョーンさん。「それは素晴らしいね。でも、いったいどうしたら子どもが言うこと聞いてくれるの」と私は聞きましたが、マーティーは一言「我が家のルールだよ。」それから一時間以上、このルールが「施行」されてから、どれほどいいことがあったか詳しく教えてくれました。

その日が、我が家のターニング・ポイントでした。妻のスーザンに計画を話すとすぐに賛成してくれました。しかし、「一つだけ条件があるの」と言います。

「条件って?」私は聞きました。「あなたが子どもたちに話して。」

次の日、夕食後に子どもを自分の寝室に呼びました。ベッドの上で優しく子どもたちに話し始めました。「ジェイミー、エリザベス。ママもパパも決めたんだけど、うちでは今日から学校がある日はテレビはなしね。これからずっとそうするよ。」

子どもたちは泣きだしました。想定内です。想定外だったのは、それから四カ月、泣き続けたことです。毎晩毎晩、私たちがどれほど説明しても、最後には泣いてしまいました。意地悪しているわけでもなくておしおきでもない。テレビを我慢するとどれほどいいことがあるか丁寧に説明しました。それでも泣きやみません。

結局、友だちが原因だったのです。特に上のエリザベスはそうでした。テレビを見ていないと友だちと話すことがなくなるし、話についていけなくなると言うのです。実は私もスーザンも、近所の人や友だちの親から厳しすぎると言われているのではと不安になっていました。

それでも、私たちは負けませんでした。どんなに泣かれても、お願いされても、「じゃあ今日だけは」ということはありませんでした。苦難の三カ月が過ぎ、マーティーの家で起きていた「成果」が見られるようになりました。読みきかせの時間もたっぷりとれるし、自分で本を読む時間も増えました。宿題もゆっくりと取り組める。チェスも始めました。クローゼットで埃をかぶっていたプラモデルも作り始めました。ケーキやクッキーを焼いたり、親戚に手紙を書いたりもしました。お手伝いもするようになりましたし、毎晩「早く風呂に入りさい！」と怒鳴りつけることもなくなりました。地域のスポーツチームにも入りました。絵も描きました。何より一番よかったのが家族の会話が増えたことです。

子どもたちの想像力もよみがえってきました。

最初の一年間はつらかったかもしれません。しかし、時が経つにつれ、テレビなど大したことはないと思えるようになりました。下のジェイミーはまだエリザベスほどテレビ漬けになっていませんでしたので、すぐに慣れました。エリザベスはもう少し時間がかかりましたが。

何年もかけてルールは修正され、最終的には以下のようになりました。

1．月曜から木曜までは、夕食の時にテレビを消す。子どもが寝つくまではつけない。

2．テレビを見ていいのは、ひとり一週間に一番組だけ。見る前に宿題とお手伝いを終わらせなければいけない。

3．金土日にテレビを見ていいのは、二日間だけ。あとの一日は宿題と他のことをする。どの日にテレビを見るかは、子どもがそれぞれ自分で決める。

テレビに私たちがコントロールされるのではなく、私たち「が」テレビ「を」コントロールしたのです。どの家庭でも全く同じことをできるわけではありませんが、何もしないよりは少しでも実行した方がましです。残念ながら、六五％の家庭が「何もしない」という選択肢を選んでいるようですが。

第7章　パパ、どうしたの?

男の子には、無理やり勉強させようとしてはならない。好きなことをさせていれば、そのうち自分に向いているものを発見するであろう。

プラトン

休日に海岸を散歩していると、ふと砂のお城が目に入りました。なかなかのものでした。男の子がお父さんと作っていたのですが、お父さんは建築家かエンジニアではないかと思ったものです。

しばらく散歩を続けていると、別の親子が砂のお城を作っていました。他にも一〇個以上、砂のお城を見かけました。いいものもあれば、ひどいものもある。いくつか見事なものもありました。

そこであることに気づきました。素晴らしいお城は、父親（大人の男性）が子どもと一緒に作っていたのです。パパがいると、男の子は夢中になっていいお城を作ろうするのです。大人の男性がいないと、お城はうまく作れないようです。

男の子の教育に関する問題とつながっているのではないでしょうか。特効薬などないのはわかっていますが、社会全体で取り組んでいかなければいけないでしょう。ある評論家の方がおっしゃっていますが、社会の進歩は、男性と女性が協力していかなければ達成できないのです。子どもの問題だという人もいれば、男性全体または父親の問題だと考える人もいます。しかし、男子の教育に関する問題は新しいものではありません。この章の冒頭で紹介したプラトンの言葉からもわかるように、紀元前三五〇年にも男子に勉強をさせるのは大変だったのです。

ここ数十年の男子の教育に関する問題を具体的に見てみましょう。

・二〇〇八年に二五の州で行われた読解力調査では、全ての学年で女子の成績が上回っていました。

・四〇年前と違って、今では高校の成績上位者は女子で占められています。生徒会や委員会活動、部活動でも女子の方が活発です。飛び級を認められるのも女子の方が多い。女子が様々な活動を担っている一方、男子はスポーツかテレビゲームに夢中になっています。

・歴史上初めて、高等教育、つまり大学以上の教育においても女子の成績が上回っています。進学率、卒業率も女子の方が高く、大学院に進学するのも女子の方が多い。その差は毎年広がっています。唯一男子が上回っているのが「退学率」。三：二の割合で男子の勝ちです。

アメリカで今最も有名な評論家、トム・チャレラ氏は、グルメから映画、スポーツから建築まであらゆる分野に関する記事を書いています。デポー大学で客員教授も務めていますが、キャンパスで男子学生の行動を見て、エスクワイア誌に『男の子の問題は、男性全体の問題である』という記事を書きました。非常に説得力のある内容です。これからパパになる人には全員読んでほしいくらいです。チャレラ氏によれば、アメリカの男子の状況は以下のようなものです。

注意欠陥や学習障害になる確率が女子の二倍。全国学力テストの成績が女子よりも悪い。落ちこぼれになる確率が女子より高い。退学する確率が女子よりも高い。高校を卒業しても大学に行く確率は女子より低い。大学に進学しても女子より成績が悪い、また卒業できる可能性も低い。アルコール中毒になる確率が女子の二倍。二四歳までに自殺する確率が女子の五倍。刑務所行きになる確率が女子の一六倍。

「男の子」の問題でなく、「男性全体」の問題であることがおわかりでしょう。男の子が自分で自分を育てているわけではありません。私たち大人が男の子を「どう育てるか」が問題なのです。

「男子が劣っているというのは単なる幻想だ」と男性を擁護する方も当然います。黒人やヒスパニックなどの男子が全体の成績を下げているという主張です。確かに黒人男子の読解力テストの得点が相対的に低いのは事実です。しかし、白人の男子が学校の成績や、生徒会活動や委員会活動、部活動でリーダーシップをとっているわけではないですし、卒業率が低いのも事実です。メイン州の公立学校は九六％の生徒が白人ですが、男女の格差は全米で五位。高校も大学もこの差は変わりません。

他にも、こんな言い訳が聞こえてきます。「女子の方が脳の発達が早い」「校則が女子に都合がいいように作られている」「女子はもともと組織で動くのが男子より得意」「父親が教育に無関心であるか、あるいはテストの点しか見ようとしない」確かに、少しは当たっている部分もあるでしょう。しかし、男子と女子の差が、どんな状況においても、またどの学年でも、大きく広がっているという事実はこれだけでは説明がつきません。私が注目している原因はただ一つ。父親です。

男世界の激変

今まで三〇年間、全米で講演を行ってきましたが、どこへ行っても父親の参加者は非常に少ない。母親一〇人に対して父親一人の割合です。仕事が忙しく、子育ては自分の仕事ではないと思っている人が多いのでしょう。

父親に「あなたは何についてよく知っていると思いますか」と聞くと、答えのベスト3は、「男の子」「ビジネス」「スポーツ」です。しかし、この章で見てきたように、最近「男の子」の状況は、大きく変わってしまいました。さらに、他の二つを見てみましょう。まずは「ビジネス」からです。

今や世界は「フラット化」されています。どういうことでしょうか。トーマス・フリードマンは著書『フラット化する世界（"The World Is Flat"）』でこう述べています。二五年前、世界の力関係には「高低差」があった。権力と知識・情報を持った「先進国」が山頂に君臨し、残りの国は谷底に沈んでいた。一握りの国（アメリカ、イギリス、ドイツ、日本）が情報と権力を独占し、世界経済を支配していたということです。

インターネットの出現で、谷底にいた国も情報にアクセスできるようになり、世界の「労働力」になることができるようになりました。インド、東欧諸国、韓国、ブラジル、中国といった国です。試しに、「トイザらス」に行って、おもちゃを一〇個、適当に手にとってみてください。どこで生産されていますか。私もやってみました。「Made in China」一〇個中一〇個です。労働力の「フラット化」です。先進国と断絶した「谷底」などもう存在しないのです。

フリードマンの報告によれば、二〇〇三年にはアメリカの納税申告二万五〇〇〇件がインドで処理されています。アメリカの企業が、低コストで正確な処理をするインド企業に外注したのです。その二年後には、四万件になりました。インドでは今、一年に七万人の会計士が生まれています。必ずしもアメリカの会計士よりも優秀というわけではありませんが、逆に、著しく劣っているわけでもない。ただし、コストは確実に低い。アメリカの男子学生のように、勤務時間が早く終わらないかと時計ばかり気にすることもありません。

二〇〇〇年以降、アメリカでは六〇〇万の雇用が失われました。労働市場全体の三分の一です。失業者のほとんどは男性です。歴史上初めて、労働市場で女性が多数を占めました。労働統計局によれば、アメリカの管理職の半分以上が女性とのことです。

このような世界の変化に気づかないのは、スポーツ番組に三時間もかじりついている父親と息子だけでしょう。「野球ができない奴は男じゃない」そんな昔のイメージにしがみついているのです。そんな時代は三〇年前に終わりました。昔は体力勝負だったかもしれません。でも、今は「頭脳」の時代なのです。学校で落ちこぼれた男子は、頭のいい女子だけでなく、インドやシンガポールで同じ仕事を格安でしてくれる外国人にどんどん仕事を奪われていきます。

まだまだ「激変」はあります。テレビの前に座っている親子の様子も大きく変わってしまいました。学力調査で、女子の得点が上がり男子の得点が落ちているということを思い出してください。女子の学力が伸びた原因は明らかです。四〇年前と比べて、母親の娘に対する期待が変わったのです。今の母親は娘が学校でよい成績をとることを期待しています。では、一九七〇年以降、男子はどうしてここまで成績が落ちてきたのでしょうか。実は一九七〇年にテレビで「マンデー・ナイト・フットボール」が始まりました。偶然でしょうか。それ以前は、「男性は深夜番組は見ない」というのが業界の常識でした。しかし、「マンデー・ナイト・フットボール」が始まると、夜の一一時に父親も息子もテレビの前で絶叫しガッツポーズするようになったのです。これをテレビ局が見逃すわけはありません。ESPN（スポーツ専門チャンネル）が生まれ、ゴルフやプロレス、バスケットやアメフト、野球、あるいは比較的マイナーなスポーツまで、あらゆる専門チャンネルが生まれました。今やどんなスポーツでも、二四時間、テレビで見ることができます。

父親が毎晩スポーツチャンネルに熱狂している様子を見た息子はどうなるでしょうか。父親は最悪のロールモデルになってしまっています。当然息子は勉強しません。女の子は本を読んで文章を書く。男の子は投げて、打って、捕って、釣る。二〇〇〇年には、母親は娘を職場に連れて行き、自分の仕事を見せるようになりました。一方、父親は息子をスタジアムに連れて行きました。最近、男の親子を図書館や本屋で見かけた方がどのくらいいらっしゃいますか？

スポーツ熱は大学生にも影響しています。アメフトの強豪大学の普通の学生の成績を九年間にわたって調査した結果、アメフトチームの勝利数が多いほど、成績は下がっていたのです。原因は祝勝パーティーです（もちろん、男子学生の方が成績は下がりました）。逆に、チームが不調の年は成績が上がっていました。

スポーツに興味を持つのが悪いことだと言っているわけではありません。実は私もスポーツが大好きです（何を隠そう、ウィルト・チェンバレンが一〇〇得点した伝説の試合の実況録音テープをバスケットボール殿堂に寄付したのはこの私なのです！）。多くの成功者の方が、スポーツからたくさんのことを学んだと話しています。チームワーク、練習の大切さ、根性。教室では学べない貴重なことばかりです。次の章では、私が読書家になる過程でスポーツが大きな役割を果たしていることをお話しします。確かにスポーツは素晴らしい。でも、あくまで人生の一部であって、全てではありません。

一言で言えば、息子をスタジアムにしか連れて行かない父親は「中年の男の子」です。スタジアムにも連れて行くが、同時に図書館にも連れて行くのが「大人の男」です。父親は、スポーツと勉強は両立させなければならないと子どもに教えなければならないのです。

不思議なのは、父親の読書嫌いは学歴とはあまり関係がないということです。貧困家庭と大卒の親の家庭を調査したところ、どちらのケースでも、読みきかせをしている父親は一五％でした（母親は七六％）。しかし、カリフォルニア州で行われた次の調査結果を公表すれば、この状況が変わるかもしれません。（1）父親に読みきかせをしてもらっている男子は読解力テストの得点が非常に高い。（2）父親が読書好きで日常的に本を読んでいる場合、息子も本を読み読解力テストの得点も高くなっている。父親の読書に対する調査では、子どもの時に読みきかせをしてもらっていた人は一〇％しかいませんでした。

どうすれば、お父さんに子どもの読書や勉強にもっと関わってもらえるのでしょうか。この章だけでも読んでもらってはいかがでしょうか。一冊全部ではなく、この章だけでいいのです。できれば、次の章も読んでいただきたいと思っています。というのも、次の章は短いですし、私自身が、父親やスポーツ雑誌からどれほど影響を受けたかというお話をしているからです。

あなたが父親で、全く本を読まないというのであれば、子どもと一緒に絵本から始めて少しずつ小説を読んでみてはいかがでしょうか。「本を読まない男子」はあなたの世代で終わりにしませんか。例えば、デビッド・マッキーの『六にんの男たち――なぜ戦争をするのか？

（"Six Men" by David McKee)』は、子どもには少し難しいかもしれませんが、同僚との話のネタにもなると思います。「むかし、六にんの男たちがいました。男たちは、へいわにはたらいてくらすことのできる土地をもとめて、ながいあいだ、あるきつづけていました。」こんなシンプルな出だしなのですが、毎日ニュースで見る出来事のほとんどが説明されているような深い内容です。他にも素晴らしい絵本はたくさんあります。しばらく読んでいると、「なんで僕が子どもの時にはこういう本がなかったんだろう」と思われるかもしれません。スポーツを題材としたものをはじめ、男子向けの本はたくさんあるのです。

子どもに本を読んであげれば、それが新たな人生の始まりになります。子どもの時には出会えなかった本の世界に出会えるのです。野球やサッカーをするように、本も読んであげてみてください。

第8章　問題児から読書家へ

私がこの本を書くほどの読書愛好家になったのは、父親、五セントの本、「秘密のもの」、そして、あるひとりの若い先生のおかげです。最後にそのお話をしたいと思います。

今になって思えば、父が私にしてくれたことが、どれほど大きな価値を持っていたか、父自身もよくわかっていなかったのではないでしょうか（実際聞く前に、父は亡くなってしまいました）。これ以上悲惨な状況にならないようにと必死になっていただけなのでしょう。「状況」というのは私のことです。当時は二階建てのアパートに住んでいたのですが、私は本当に手のつけられない悪ガキで、しょっちゅう問題を起こしていました。私たちに退去の請願を出す住民も出てくる始末です。幸い、両親の味方になってくれる住民の方もいて、請願は取り下げられたのですが。

父は、あるメーカーの営業をしていました。部署で大卒でないのは父ひとりだったそうです。毎晩、仕事から帰ってくると、母は、まるで刑務所の囚人を引き渡すように「あとはあなたが面倒見てよ」と父に言ったそうです。後年、母は私に言いました。「当時は『多動』なんて言葉なかったけど、もしあったとしたら、あんたは多動児の見本のようなものだったよ。」

苦労した父は、ようやく私を落ち着かせる方法を発見しました。読みきかせです。図書館から借りた絵本も読んでくれましたが、ほとんどは父自身が読みたいもの、つまり新聞の夕刊や、サタディ・イブニング・ポストなどの新聞です。毎晩の儀式になりました。私が四歳になる頃には、毎晩マンガを読むようになりました（以来マンガは、私の人生の一部と言っていいくらいです）。

初めのうちは、マンガによく出てくるジョークを説明してもらっていましたが、そのうち自分でわかるようになりました。好きなマンガの話になると、相手が誰であれ夢中になって話すようになりました。

毎晩本を読んでもらうことで、私は「読書」とはどういうことかを理解したのです。これが最も重要な点です。小学校に通いだす頃には、読書がどれほど自分にとって価値のあることかがわかっていました。ドリルや単語カードを使って勉強をするのも、もっと本が読めるようになるためだと思っていました。

小学校に上がる前の思い出で忘れられないものが一つあります。ある日の午後、私は初めて文学作品に出会ったのです。『ジュニア文学（“Junior Literature”）』というタイトルでした。今、この原稿を書いている書斎の本棚に並んでいます。表紙の裏には、「5¢」と手書きで値段が書かれています。中学校の国語教科書で、私が生まれる一〇年前に出版されたものです。フロスト、ロングフェロー、マーク・トウェイン、キプリングといった文豪の作品だけでなく、ジョナサン・スウィフト、アナトール・フランス、ウィリアム・カレン・ブライアントなどの詩人や批評家、さらにセオドア・ルーズベルトの文章まで載っています。

今の中高生は誰もこんな本は読まないでしょう。でも私は一九四六年のある日、幼稚園の帰り、隣にあった図書館の前でこの本を目にした時に、「すごい！」と思ったのです。広場でバザーが開かれていて、テーブルの上に本が積まれていました。今では、公共図書館で毎年このようなバザーが行われていますが、私はこの時、生まれて初めて図書館の本が売られているのを見て興奮したのです。その時は、なぜ図書館で本を売っているのかよくわからなかったのですが、「目の前に本がある。タイトルも中身も読めないだろう。でもこの本がほしい！　たったの五セントで買えるんだから！」と思ったのです。

なぜこの本が欲しくなったのでしょうか。まずは、表紙に金色の浮き彫りで描かれた三人の海賊です。本を開くと、もっとたくさん海賊が出てきました。王様や弓の射手、剣士、さらに恋に敗れて悲嘆にくれる貴婦人も出てきます。こんな立派な本が、マンガと変わらない値段で買えるのです。私は走って家に戻り、母から小銭をもらい、「もう誰かが買ってしまっていたらどうしよう」と急いで図書館に戻りました。幸い、まだ売れ残っていました。これが生まれて初めて自分で買った本です。

その後何年も、この本はいつも私のそばにいました。最初はそれほど親しくはなかったのですが、お互い近くにいることはわかっている。「この本は他の本とは何かが違う」と感じていました。何かとてつもなく重要なものが入っている。たとえて言えば、隣に住んでいるおじさんが実は有名な大学教授で、気軽に話しかけることができないような立派な人だった、という感じでしょうか。大きくなるにつれて、少しずつ親交を深めていきました。読む本が手元になくなって、図書館も閉まっている、そんな時この本を開いて短い作品をぽつぽつと読むようになりました。高校生になるまで、教科書だということを知りませんでした。でも、その頃にはもう、かけがえのない友人になっていたのです。

初めての「僕の本」です。海賊や騎士の「冒険」、つまり「男子」のための物語です。マンガと同じです。実はその後、友だちの誰よりもたくさんマンガを集めました。いつも友だちにマンガを貸していました。私が中学に入るまでずっと借家住まいで、父も中古車しか買うことができなかったのですが、家の中には活字があふれていました。百科事典、新聞、雑誌……郵便屋さんは、母があまりに多くの雑誌を定期購読しているので、重くて腰痛になってしまう、と冗談で言っていたほどです。毎日毎日家に届く雑誌やカタログを、字が読めるようになる前から、私たち兄弟はじっくり「読んで」いたのです（もちろん内容はわかりませんが）。

私は「更生」しました。本が好きになっていくにつれ、私は落ち着いた子どもになっていったのです。それでも母は「外では『天使』だけど、家ではまだ『悪魔』よ」と嘆いていました。確かにその通りです。

それでも小学校に上がる前に落ち着きを取り戻したことは本当によかったと思います。小学校は隣町でしたが、一九四七年、戦争が終わって、教室は子どもであふれかえっていました。少なくとも一年生の教室はそうでした。クリスチャンの学校でしたので、先生はドミニコ会のシスターひとり。九四人の生徒が一クラスです。補助の先生は？　はい、いましたよ。教室の前で十字架をかかげているイエス様です。シスターにはイエス様ひとりで十分。イエス様を指さして、ギロッとにらみつければ、子どもはおとなしくなります。

先生は教室の前で、フラッシュ・カードをかかげて単語の練習をさせていました。先生の後に続いて、生徒がみんなでカードの単語を音読するのです。他の子がどう思っていたかは知りませんが、私はうんざりしていました（もちろん先生にそんなことは言えませんでしたが）。

教室に座って「何かおもしろいものが始まらないかな」とずっと思っていました。父が読んでくれたサタデー・イブニング・ポストのような。ついに読みきかせが始まりました。それもお決まりの絵本ではありません。子ども向けの本なんて読みたくないということを神はご存じだったのでしょう。先生はチャプター・ブックを読んでくれたのです。他の子どももチャプター・ブックの読みきかせが大好きでした。休み時間が始まっても、「シスター、続きを読んで！　あと一章だけでいいから！」と頼んでいました。

そういうわけで、つらい勉強をしなくても、一クラスに九〇人以上の子どもが押し込められている状況であっても、私は本が読めるようになったのです。毎日が楽しい日々でした。本もどんどん面白くなってきます。特に四年生の時に読んだ、ジャック・ロンドンの『野生の呼び声（"The Call of the Wild" by Jack London)』は、それ以来一番のお気に入りです（課題図書だったわけではありません）。新しい本を読む度に、この本と比べたくなるほどです。

ヤングアダルト向け小説の作家、ボブ・リップスタイルは、男性、とりわけ少年の興味をひくものは「競争」である、と言っています。私の場合も、「競争」という要素が読書家になる過程で大きな役割を果たしました。小学校では体育の授業も運動部もありませんでしたので、ニュージャージーに引っ越すまでは、チームに所属してスポーツをしたことはありませんでした。友だちとの遊びですることはもちろんありましたが、ユニフォームを着て審判やコーチがいる中でスポーツをしたことはなかったのです。

引っ越した先の学校では、これがとてつもないマイナスになりました。男子はほぼ全員しっかりとスポーツをしていたのです。体育の授業でも、ハロルド・バド・ポーターという先生が、いろんな競技を教えていました（先生は私のヒーローでもあり、友人でもあります）。テレビではよくスポーツを見ていましたが、当時は六つしかチャンネルがなく、限られたものしか中継されていません。それまでまともにスポーツをしてこなかった私が、友だちに追いつくことはできるのだろうか、と思ったものです。

そんな時、タイム誌とライフ誌の設立者、ヘンリー・ルース氏が、スポーツ週刊誌『スポーツ・イラストレイティッド（“Sports Illustrated”）』を発刊しました。当時は、スポーツ雑誌など絶対に売れないと考えられていました。後で知ったのですが、これはルース氏がスポーツ好きで金持ちの友人を喜ばせるためだけに発刊したそうです。金持ちの友人が実際に喜んだかどうかは知りませんが、思春期の私にとっては、「こんな雑誌を待っていたんだ！」と叫びたくなるほど素晴らしいものでした。スポーツが苦手だった私が知りたい情報満載でしたし、スポーツだけでなく、デオドラントやシェービングクリームの広告のような、思春期の男子が気になるものがたくさん載っていたのです。「大人の男のための雑誌」という雰囲気がありました。私にとって、ＳＩ（ファンはこう呼びます）に載っているものは何でも「神のお告げ」だったのです。すぐに弟のブライアンも夢中になって一緒に読むようになりました。

その時は知らなかったのですが、ＳＩは富裕層向けの雑誌だったので、乗馬やゴルフ、テニス、ヨットなどがよく取り上げられています（一九五四年には、バスケットボールの記事は六つしかありませんでしたが、ファッション関係の記事は一七もありました）。弟と私は、「ちょっと待ってよ、これがスポーツ？」と不思議に思っていました。私たちにとってスポーツと言えば、バスケと野球でしたが、雑誌の中にはそれ以外にもあらゆるスポーツが出てきます。本物のスポーツマンになるには全部読まなきゃいけない、と思ったものです。

ＳＩは富裕層受けするように、しゃれた文章を書く記者を採用しました。ニューヨーカー誌から引き抜かれたハーバート・ウォレン・ウィンド記者が、ゴルフのマスターズトーナメントについて書いた記事を見てみましょう。

一九三四年、初めて開催された時には、単に一つのゴルフ・トーナメントに過ぎなかったマスターズは、二〇年という短期間のうちに、全米オープンを凌ぐ名声と比類なき魅力を兼ね備え、一九〇三年以来の伝統を持つワールドシリーズや一八七五年からの歴史を持つケンタッキーダービーと双璧をなす、国民的スポーツイベントへと変貌をとげたのである。

たった一つの文が一五〇文字以上。とてもじゃないですが、一三歳の読解力ではついていけない文体です。それでも、夢中になって私は読んでいたのです。ここがポイントです。男子は興味があれば、何事にもとりつかれたように夢中になってしまうのです。スポーツでも、クルマでも、ラジコン・レースでも、戦争でも音楽でもコンピューターでも、何でもいいのです。「男子は何を考えているのかわからない」と大人はよく言いますが、ほんの少し心の窓を開けた時に、夢中になれるものを差し出すことはできるのです。

SIの記者は、私にとって「作文のコーチ」でした。私たちは、よく聞く言葉や、いつも一緒にいる人から大きな影響を受けます。素晴らしい文学作品を読んだ後に、ギャグ・マンガのような文章を書く人はいないでしょう。ディケンズを読んだらすぐに文体がディケンズそっくりになることはないでしょうが、身の回りにあふれる「ジャンク」な文章との違いはわかるようになるでしょう。偉大な文学作品に触れてマイナスになることはありません。とりわけ、作文力に関してはそうです。

自分の名前が初めて活字になったのは、スポーツ・イラストレイティッド誌、一九五五年一一月二八日号でした。「ハッピー・ノール・カントリー・クラブ」という架空のスポーツクラブの会員証を一〇ドルで購入し、オリンピック・チームに寄付しようという企画でした。会員の一員として名前が掲載されたのです。「ハッピー・ノール」というのは、雑誌に連載されていた、ジョン・P・マーカンドの『ハッピー・ノールでの生活（"Life at Happy Knoll" by John P. Marqnand）』という小説からとったものです。作家でもあり批評家でもあったマーカンドは、その作品の中で、カントリー・クラブの役員たちの陰謀や策略を、風刺的に描きました。小説の中にちりばめられた社会に対する風刺を一四歳の少年が理解できるでしょうか。できるはずはありません。しかし私は、世界中の金持ちがどんな陰謀を働いているか、また、そういう人の秘密と自分の秘密がどれほどかけ離れたものか、そんなことを想像しながら楽しんでいたのです。「大人の秘密」に惹きつけられていたのでしょう。

大人の秘密、つまり、大人が子どもに隠したがることを男子は必死になって知ろうとします。中一だったある日、図書館で『六人の受刑者――ある心理学者の、刑務所での三年間（"My Six Convicts: A Psychologist's Three Years in Fort Leavenworth" by Donald P. Wilson）』という本を見つけました。図書館の一般書籍コーナーで見つけたのですが、表紙を見た瞬間「これが大人の秘密だ！」と確信しました。「心理学者」や「受刑者」がどんな人なのか全く知りませんでしたが、子どもが知ってはいけない「大人の秘密」がこの本のなかにたくさん詰まっていると思ったのです。

以前、カリフォルニアの大学教授、ジョー・スタンチフィールド先生がこんなことを言っていました。「女の子は、外から読書への動機づけを受ける。つまり、友だちや母親、先生が読んでいる本を読もうとします。一方、男の子は、自分自身が興味を持ったもの、つまり内部から動機が生まれてくるのです。」私もそう思います。わがままと言われようが、男はそういうものなのです。「みんなが好きだから」ではなく、「自分がおもしろいと思っているから」読みたくなるのです。

さて、『六人の受刑者』は私の期待どおりでした。読書感想文を書いて、アルヴィン・R・シュミト先生に提出しました。おそらく、初めて書いた読書感想文だったと思います。いや、それ以前にも書いているとは思いますが、とにかく「大人の本」を読んで書いたものはこれが初めてだったのです。しばらくして、シュミト先生に呼ばれ、親にあてた手紙を渡されました。手紙は封筒に「厳封」されていました。

私は、かなり「元気な」生徒でしたので、学期末に、先生が親に話さなければならないことはたくさんあったと思います。いったい何を言われたんだろうと、不安いっぱいで家に帰りました。母は、手紙にさっと目を通すと、すぐにまた手紙を封筒の中に入れてしまいました。「お父さんが帰ってきてから話そうね。」これは相当まずい、と思いました。

夕食が終わると、母は、弟を部屋の外に出してから、父に手紙を渡しました。手紙を読んでいる父の目に涙があふれてきます。それを見た私は、背筋が凍りつく思いでした。父は黙って、手紙を私に手渡しました。

ジム君の国語の成績と、授業での様子をお伝えするためにお手紙を書きました。一学期の成績はトップクラスです。ジム君のような生徒に国語を教えることができ、私も大変幸せに感じております。今後も、今までのようにどんどん勉強してくれると確信しています。作文やスピーチでは、とても上手に自分の意見を伝えています。クラスの他の生徒にもいい刺激を与えてくれています。

お父様、お母様にも感謝申し上げます。

A・R・シュミト

学校に通い始めて九年間。こんな手紙をもらったのは初めてでした。後で知ったことですが、シュミト先生はこの時、教師二年目だったのです。そんなに若い先生が、私のことをしっかり認めてくれて、わざわざ親に手紙を書いてくれたのです。大人になった今思い返すと、シュミト先生がどれほど素晴らしい先生だったかよくわかります。

シュミト先生とこの手紙のことは一生忘れません。家族以外に、自分のことを特別だと思ってくれる人がいる。心の底にずっとしまっておきたい思い出です。その年の終わりに、私はマサチューセッツに引っ越し転校しました(先生は、将来私をジャーナリズム学科に進学させるよう、転校先の学校に手紙を書いてくれました)。その後、シュミト先生も別の学区に異動されたので、以来、先生とは音信不通になってしまいました。父が亡くなった後、一九七五年のある日、ふと母に聞いてみました。「ニュージャージーの学校でさ、お母さんとお父さんに手紙を書いてくれた先生のこと覚えてる?」

少し間をおいて、母が小声でささやきました。「一生忘れないわ。」それから少しの間、シュミト先生の話をしました。今はどこにいらっしゃるんだろう。その日はそれだけでした。次の日、母の家に立ち寄ると、二〇年前に書かれたシュミト先生の手紙を見せてくれました。私が心の底にしまっておいたものを、母はタンスの引出しにしまっておいてくれたのです。我が家の宝物です。今では、私の家のタンスの引出しに大事にとってあります。

このお話をしたのには、いくつか理由があります。まず、自分の作文やスピーチを先生に認めてもらったことが、思春期の私の自己形成に、どれほどの影響があったかということです。どんなにいい点数をとっても、この手紙ほど嬉しくはなかったでしょう。次に、シュミト先生は、特別な肩書きもなく、教育委員会から表彰されたりもしていない、若い先生でした。それでも、偉大な教師の素質を兼ね備えていたのです。生徒はみんな先生が大好きで、尊敬していました。先生のためなら何でもできると思っていたのです。先生の素晴らしさはテストなどでは測ることはできません。「給料を上げてやる」などといった「ニンジン」で、シュミット先生のような素晴らしい先生をつくることはできません。

この本の初版に私は「わが子とシュミット先生に捧げます」と記しました。それがきっかけで、シュミット先生と再会することができました。先生は、三〇年の教師生活が報われたと言ってくださいました。その数年後には、先生の退職記念パーティーにも招いていただきました。パーティーの次の日、ニューハンプシャーの、教員研修会で講演をしました。二五名の先生にお話をしたのです。講演の中で、シュミット先生のこともお話ししました。休み時間に、若い先生が教えてくれました。「僕はニュージャージーのクランフォード出身なんです。中二の時に、シュミット先生に習いました。先生に出会わなければ教師になっていなかったと思います。」

最近では、教育にビジネスの手法を取り入れ、先生の質を生徒の点数で測るべきという話をよく聞きます。そんなことをすれば、「教育」という職業が傷つき、素晴らしい先生がいなくなってしまいます（犯罪率をベースにして警察官の給料を決める、つまり、犯罪率が下がれば給料が高くなるとしたら、アメリカの都会で警察官になろうという人は誰もいなくなります）。こういう話を目にするたびに、私はシュミット先生がクラスのみんなにどれほどの影響を与えてくれたか思いだすのです。私たちが受けた影響をテストなどで測れるわけはありません。

「読書家への道」のカギがここにあります。お気づきになりましたか。「読書の旅」は決してひとりでするものではないのです。私が「読書の旅」を今まで続けてこられたのは、家族、図書館、先生といった、よき旅の友のおかげなのです。道は一つではありません。ひとりひとり、違った道をたどります。道中で、様々な人が助けてくれます。毎日読みきかせをしてくれる人、身の回りを活字であふれさせてくれる人、励ましの言葉――言葉であってテストではありません！――を投げかけてくれる人。

作家マヤ・アンジェロウはこう言っています。「人は、あなたが言ったことは忘れる。あなたがしたことも忘れる。しかし、あなたが引き起こした感情は絶対に忘れない。」

私たちの人生を変えてくれた偉大な親や教師、文学作品から与えられるのは、まさに「感情」なのです。男でも女でも、その感情は永遠に忘れられないのです。

訳者あとがき

「読みきかせ」というタイトルから、この本は育児書の一つだと思われるかもしれないが、私自身は最高の「教育書」であると思っている。親だけでなく、全ての教育関係者、特に中学校高校の教員のみなさんに読んでいただきたいと思い、翻訳した。

私はかれこれ二〇年以上、都立高校で英語を教えている。自分自身が受けてきた、辞書で単語の意味を調べ、構文に従って全文を日本語に訳すようなつまらない「文法訳読」ではなく、生きた外国語に触れながら、外国語を使う醍醐味を生徒が体験できるような授業を目指してきた。試行錯誤する中で、現ＮＰＯ多言語多読理事長酒井邦秀先生の著作を読み「多読」という学習法を知った。「辞書をひかず、自分が楽しく読める本をたくさん読む」という発想には、まさに目から鱗が落ちる思いがした。それ以来「多読のない英語教育はありえない」と思いながら、指導にあたっている。

平成二〇年に、新設校である都立大田桜台高校の開設準備委員に任命された。校長から「受験のための英語ではなく、使える英語力を楽しく身につけさせる授業を考えろ」と言われ、迷わず多読を中心としたカリキュラムを作った。酒井先生にも全面的にご協力いただき、先生が主催するメーリングリストを通して日本全国で多読支援（多読は、本文中で説明されている「自由読書時間」であるので、「指導」ではなく「支援」と言っている）にあたっている方々とも知り合うことができた。その中のお一人である、宮西咲さんからこのThe Read-Aloud Handbookを読むように薦められたのだ。

私自身、親からも学校の先生からも読みきかせをしてもらった記憶はないし、高校生を相手に読みきかせするなど想像したこともなかったので「読みきかせ」に関しては全く興味がなかった。しかし、多読支援をしている方々はみなさん「高校生でも大人でも、多読をさせているなら絶対に読みきかせは欠かせない」とおっしゃっていたので、とりあえず読んでみることにした。

すると一ページ目から、私が二〇年にわたる教員生活の中で、理想と現実のはざまで悩みながらもぼんやりと考えていたことが、ユーモアと愛情にあふれた文体で次々と描写されていた。まさに溜飲が下がる思いがしたのである。「これは英語の教員だけでなく、全ての教科の同僚に読ませなければ」と思い、翻訳を調べたらすでに絶版になっている。そこで酒井先生にお願いし、筑摩書房を紹介していただき、翻訳にいたった次第である。

本書では、アメリカで数十年にわたって行われてきた教育改革の矛盾、また経済格差と教育格差の悪循環など、教育をめぐる諸問題について述べられている。面白いことに、序章（一七頁）ではアメリカが日本の「詰め込み教育」や「お受験」に追従しようとしている様子が描かれており、また第四章（一二一頁）では「日本は読書家のお手本のような国（As a reading model, Japan has been unrivaled in the world.）」と書かれている。

その日本では実際どうなのだろうか。詰め込み教育への反動から「ゆとり教育」が推奨されたと思ったら、次は学力低下を防ぐため「授業時間確保」が叫ばれ、公立校でも土曜授業が復活している。するとここ数年は「アクティブ・ラーニング」や「大学入試改革」、つまり「知識を詰め込むだけではダメだ」言われるようになった。しかし政府や財界やメディアが何と言おうが、現場の教員の意識の中では「中学では高校入試、高校では大学入試」が唯一最大の目的になってしまっている。アメリカに負けず劣らずの迷走だ。

私は総合学科やビジネスコミュニケーション科といった、「詰め込み教育」とは異なる教育方針をもつ学科での経験が長いこともあり、「入試のためだけの教育」をしてきたわけではない。普通科に勤める現在も常に本質的な学びを通じて、受験対策も行えるような授業を心がけている。しかし、全国の高校を見渡すとまだまだ「受験至上主義」が現場で大きな力を持っているようだ。

例えば世間では高校の英語授業が「コミュニケーション中心」にシフトしているような論調が目立つが、実際現場では「コミュニケーションが大切なのはわかるが、入試があるから」と、文法解説、暗記と問題演習が中心になっている。生徒は単語文法小テストや「和訳ノート」「ワークブック」等の提出物に追われる。このような授業しか受けられない生徒は「英語を通して自らの世界を広げる」という外国語学習の醍醐味を味わうことはできないであろう。こんな状況で大学入試にスピーキングが導入されたら、コミュニケーションどころか「テストのためのスピーキング練習」が始まり、生徒の負担は増すばかりではないか。

進路指導の面でも、いわゆる「進学校」の多くでは受験業者が学校現場にますます食い込んでいるようだ。「模試偏差値」の資料が職員会議で配られ、他年度や他の学校との成績比較が話題になる。学期に一度、受験業者の社員による「模試分析会」が行われ、その分析結果を授業に活かすように言われる。年度末には卒業生の「進路実績」、つまりどの大学に何人入ったかが報告されるが、教育委員会には「国公立大学合格者数」「難関私立大学合格者数」「医学部進学者数」「センター試験5教科7科目受験者数」「センター試験得点8割以上の生徒の割合」

といった、個々の生徒の人生とは全く関係ない「数値」を報告しなければならない。教育委員会から委託された「進学指導コンサルタント」として、予備校の教師や職員が学校に派遣され、私たち教員に「レクチャー」をしたり、模試の後に業者の若い営業社員が生徒に勉強法を教える「模試振り返り講演」などという行事を開催する学校もあるとのこと（そもそも勉強法を教えるのは教員の最も大切な仕事ではないか）。また、保護者対象の大学受験説明会に予備校の職員が講師として呼ばれることもある。序章（三四頁）には「ここ三〇年間、テスト産業が政府をうまく使いながら莫大な利益をあげています」とあるが、残念ながら我が国にも当てはまってしまうだろう。

これが果たして教育なのだろうか。一番恐ろしく思うのは、この状況に対して教員から疑問の声がほとんど聞かれないことだ。私は何も受験指導を否定しているわけではない。ひとりひとりの生徒の進路希望をかなえる手助けをするのは教員として当たり前のことだ。しかし、「もっとまともなやり方がある surely there's a better way than what we've done in the past（一三頁）」のではないか。

私も本書を読んで目を開かされたのだが、本来、読書指導のない教育などありえない。たとえ大学入試のための指導が必要だとしても、読書を通して本質的な読解力や豊富な背景知識を身につけていなければ、いくら「受験勉強」をしても点数がなかなか上がらない。これは、二

○年以上高校生を見てきた私の実感でもある。

生徒に聞いてみると、中学校では朝読書の時間もあり（第4章・一一六頁にあるとおり、日本全国の小学校中学校で実施されている「朝読書」も本書がきっかけなのである）、よく本を読んだが、高校に入ったら本を読む時間がないと言う。朝の通勤電車の中では、私立の小学校に通う子供たちが読書にふけっている隣で、高校生が英単語集や英文法問題集を見ている。

学力の高い生徒は学校の課題に追われ本を読まなくなり、学力の低い生徒はアルバイトやスマホ、ゲームに明け暮れて本を読まない。これが、「読書家のお手本のような国（一二二頁）」日本の悲しい現実なのだ。「テストや宿題が多すぎて読む時間がない（一二〇頁）」、すなわち本を読む「頻度」を学校が下げてしまっているのだから。

生徒だけではない。教員も本を読まなくなっていると思う。今でも覚えているが、教員になって三年目の時、隣の席の世界史の先生に「お前が本を読んでいるところを見たことがない。読んでいるのか。本を読まずに教員やろうと思うなよ」と叱られた。周りの先輩教員は教科にかかわらずよく本を読んでいた。教員同士よく本の貸し借りをしていた。最近の若い教員はどうか。確かに教員の多忙化の影響はあるだろう。しかし、生徒の「偏差値」にしか興味がない教員が増えているのではないかとも感じている。

また、本書ではアメリカにおける様々な格差が話題にされているが、今や日本でも「家庭の収入による教育格差」が社会問題として取り上げられるようになってしまった。私立中学の受験をしない子どもでも、まずは高校進学のための「塾」に行き、大学進学を目指すような「進学校」に入ると授業料以外に多額の「副教材」を買わされ、「模試」の受験料を払わされ、その上で塾や予備校に行く生徒も多い。だがこれほどのお金をかけて「受験勉強」しても、第一志望の大学に合格できず浪人する生徒も多いのである（もちろん浪人したらまた予備校に大金を支払うことになる）。その一方で、塾や予備校には一切行かず、また無理やり買わされた「副教材」にもあまり手をつけずに、いわゆる「難関大学」に合格する生徒もいるのが現実である。その差は何なのだろうか。本書を読んでいただければおわかりになると思う。「お金をかけなければ、いい大学に合格できない」というのは単なる幻想である（残念ながら、大学の入学金、授業料については確かに「お金がないと大学に行けない」のも事実であると言わざるを得ない。この点、特に高校の教員はもっと訴えかけていかねばならないと思う）。

話はそれるが、無味乾燥な受験勉強の代表が英語である。先にお話ししたように電車の中で高校生が勉強している（させられている）のはいつも英単語か英文法。学校で買わされる「副教材」も大半が英語だ。元同僚から聞いたのだが、彼が今勤める「進学指導重点校」では、何と三年間で六〇冊もの英語副教材を購入させているとのこと。常軌を逸しているのではないか。同じ英語の教員として本当に情けなく思う。　また、英語の次に「小テスト」や「課題」が多いのが国語のようだ。言語に関わる教科の勉強のせいで読書時間がなくなっているとしたら、何とも皮肉なことである。

さて、本書の中では、「学校図書館」の重要性についても述べられている（一三四頁）。アメリカと同じく日本でも図書館関係の予算は削減される一方だ。特に学校においては専門の「司書」が次々といなくなっている。

娘が小学校四年生の時に授業参観の時間割を見ると、その中に「図書」の時間があった。すでにこの本を何度も読んだ後だったので興味を持ち、見学した。授業は司書の先生の読みきかせから始まる。それも一冊だけでなく、季節や学校行事にちなんだ本を何冊か、面白い部分を抜粋して読みきかせをしていた。次に子供たちが数名、自分が読んだ本を紹介する。その後にもう一度司書の先生が本の紹介。それも「〇〇君はこないだこんな本を読んでいたからきっとこの本好きだと思うよ」「〇〇ちゃんはディズニーが好きだったよね、じゃあこのお話気に入るわよ」と、子供たちがどんな本が好きかも把握されていた。それから約二〇分の「自由読書時間」。こんな素晴らしい授業をしてくださる「図書の先生」が定年退職された後、残念ながら補充はなし。その後、この小学校から「図書の時間」はなくなったとのことである。

都立高校でも、今では専任の司書は新規採用されていない。外部委託や、「司書教諭」の免許を持つ教員が授業や他の校務をこなしながら司書を兼務するという学校も増えている。図書館を朝から放課後まで開館することもできない学校すらある。このような状況に対して、教員はもっと声をあげなければならないと思うが、多くの教員が気にも留めていないように見える。教職員組合は当然この問題に取り組んでいるが、組合も今やほとんど力がない（四〇歳以下の教員の多くが未加入）。自分自身読書習慣がなく、生徒の偏差値にしか関心がない教員が増えればこうなってしまうのも無理はないだろう。このような状況を見るにつけ私は、序章（三二頁）の『「本を読む」国は発展し、「本を読まない国」はどんどん退化していきます』という言葉を思い出す（この箇所は原書7th editionでは削られている。しかし是非とも翻訳に含めたかったので6th editionから訳した。原文は以下の通り。Reading is the ultimate weapon, destroying ignorance, poverty, and despair before they can destroy us. A nation that doesn't read much doesn't know much. And a nation that doesn't know much is more likely to make poor choices in the home, the marketplace, the jury box, and the voting booth. And those decisions ultimately affect an entire nation-the literate and the illiterate.）。

ここまで読んでいただければ、私がなぜこの本を翻訳したいと思ったか、また親だけでなく全ての教育関係者にこの本を読んでほしいと思っているか、わかっていただけると思う。自分自身決して読書家とは言えない私が偉そうなことを言って恐縮であるが、教育関係者のみなさんはこの本を読んで目を覚ましていただきたい。

最後に、翻訳についてであるが、日本の読者のみなさんにはなじみが薄いもの、また文化的背景の違いから理解するのが難しいと思われる箇所については思い切ってカットしたり、大幅に「意訳」したことをお断りしておく。英語が読める方はぜひとも原書をあたっていただきたい。

また本書は著者の経験や考えだけではなく、研究論文、書籍、新聞記事など大量の文献を元に書かれているため、原著では三〇ページにもわたる巻末注があるが、引用文献や参考図書も全て英語であるため省略した。

筑摩書房の町田さおりさん、渡辺英明さん、全国の英語多読支援者の方と私をつなげてくださり、筑摩書房を紹介していただいたNPO多言語多読理事長の酒井邦秀先生、そしてこの本を私に紹介してくださった宮西咲さんに感謝いたします。

ジム・トレリース（Jim Trelease）

マサチューセッツ大学卒業後、デイリーニューズ紙のアーティスト兼ライターとして活躍、ワシントンポスト紙、ニューヨークタイムズ紙などの書評欄でも執筆している。本書刊行後は全米各地からの要望で講演の旅を続けるかたわら、その合間を縫って地元の小学校を定期的に訪れ、記者の仕事について語り、本の楽しさを子どもたちと分かち合っている。

鈴木　徹（すずき・とおる）

昭和四三年愛知県生まれ。東京外国語大学外国語学部スペイン語学科卒。平成二九年現在、都立国分寺高等学校英語科教諭、東京都高等学校英語教育研究会研究部長。趣味・音楽鑑賞（ブルース、R&B、ロック、ジャズ）、ギター、スポーツ観戦（プロ野球、海外サッカー）。

できる子《こ》に育《そだ》つ　魔《ま》法《ほう》の読《よ》みきかせ

二〇一八年三月二十五日　初版第一刷発行

著　者　ジム・トレリース

訳　者　鈴木　徹

発行者　山野浩一

発行所　株式会社筑摩書房

東京都台東区蔵前二―五―三　郵便番号　一一一―八七五五

振替　〇〇一六〇―八―四一二三

装幀者　神田昇和

印　刷　明和印刷株式会社

製　本　牧製本印刷株式会社

筑摩書房サービスセンター

さいたま市北区櫛引町二―六〇四　〒三三一―八五〇七　電話　〇四八―六五一―〇〇五三

ISBN978-4-480-83719-6 C0037

◉筑摩書房の本◉

優劣のかなたに
大村はま60のことば

苅谷夏子

98歳で亡くなる直前まで書き綴られた「優劣のかなたに」。この詩稿をはじめ、教師・大村はまが残した膨大なことばの中から六〇の断片を解説。珠玉のことば集。

想像力を限りなく刺激する！

子どもに体験させたい20のこと

佐藤悦子

佐藤可士和さん一家の休日はこんなふう。全身全力で挑戦できること、視野を広げ感性を磨くこと、親子で夢中になれること、心に残る体験を具体的に紹介します。

教育とはなんだ
学校の見方が変わる18のヒント

重松清編著

教育問題は「現場」で起きている。学級崩壊、学校英語、わからない数学、理科離れから、校舎の住環境、教員免許、給食まで。当代一の現場のプロに聞く18テーマ。

◉筑摩書房の本◉

「本をつくる」という仕事

稲泉連

校閲がいないとミスが出るかも。色々な書体で表現したい。もちろん紙がなければ本はできない。装丁、印刷、製本など本の製作を支えるプロに話を聞きにいく。

ウンベルト・エーコの小説講座

若き作家の告白

ウンベルト・エーコ
和田忠彦／小久保真理江訳

中世美学研究者にして現代思想家がある日ベストセラー小説家に！　どのような方法で名作は生み出されたのか。『薔薇の名前』作者が創作の全ての手のうちを見せる。

どうして書くの？

穂村弘対談集

穂村弘／高橋源一郎／長嶋有／中島たい子／一青窈／竹西寛子／山崎ナオコーラ／川上弘美

高橋源一郎、長嶋有、山崎ナオコーラ、川上弘美他、作家と繰り広げる表現談義。なぜ言葉で表現することを選んだの？　小説って？　表現って何？　僕に教えて！